제2판

노동청 노무사가 알려주는
근로기준법 실무 Q&A

LABOR STANDARDS ACT

조학희

박영사

제2판 머리말

출간 후 많은 성원을 보내주시어 1년이 채 되지 않음에도 불구하고 개정판을 내게 되어 먼저 감사 인사드립니다.

본서를 위해 2023년에서 2025년까지 노동청에서 상담하였던 약 7,700건[1] 이상의 노동법률상담 내용을 정리하면서 '노동(勞動)'이라는 단어를 곱씹어 보았습니다. '일할 노', '움직일 동' 몸을 움직여 일을 한다는 뜻으로, 사람이 생활에 필요한 물자를 얻기 위하여 육체적 · 정신적 노력을 들이는 행위를 말합니다. 수많은 사업주분과 노동자분을 만나면서 일을 한다는 것은 나 자신을 가장 나답게 해주는 도구이자, 자아실현의 중요한 수단이라고 생각하였습니다. 그렇기 때문에, 저의 책을 통해서 독자분들의 일터가 관련 법령을 준수하면서도 서로를 배려해주는 행복한 공간이 되길 바라는 마음으로 작업에 임하였습니다.

특히, 본서에서는 최근 판례에 따라 변경된 통상임금 판단기준과 육아 3법 개정 내용을 반영하였습니다. 그리고 실무사

---

1) 2023년 1,790건, 2024년 5,559건, 2025년 365건 수행(복수 쟁점 상담 포함)

례를 case study로 재구성하여 새롭게 추가하였습니다. 이로 실무사례 감각을 익히시는데 유용하게 활용하실 수 있을 것입니다. 앞으로도 중요 사례를 추가할 계획입니다.

이번 교정에 도움 주신 권혁빈 · 강민경 노무사님, 송해뜸 감독관님 감사합니다. 그리고 부족하지만 아낌없는 응원을 주시는 근로감독관의 실무 노트 저자 창정수 과장님, 오세령 · 양혜인 · 김유빈 노무사님, 초판을 누구보다 기뻐해 준 윤민아 · 임명주 · 심은혜 · 김현경 · 김현정, 새로운 시작을 함께하는 인천노동권익센터 식구분들, 열정적으로 강의하시는 모습으로 지금까지도 제게 긍정에너지를 전해주시는 이수진 · 정선균 · 김유미 선생님! 부끄럽지만 감사의 마음 전합니다.

2025년 6월
조학희 드림

머리말

노동청 권리구제팀으로 실제로 들어오는 민원 질의 중 빈도와 중요도가 높은 순으로 선별하였습니다. 민원실에서 상담하는 내용을 담고자 하여 노동위원회에서 진행되는 부당해고 등과 고용센터의 지원금 업무는 상세히 담지 않았습니다.

이 책을 통해 사회 초년생을 비롯한 근로자는 근로기준법 관련 기초 지식과 권리구제방안을 쉽게 이해할 수 있을 것입니다. 또한, 노무사 진로를 고민하시는 분, 수습 노무사, 사업경영자, 인사노무 담당자 및 예비 창업자는 근로기준법과 관련하여 어떤 사안들이 실무적 쟁점이 되고 있는지 직관적으로 파악하실 수 있습니다.

먼저, 실무 서적을 낼 수 있도록 출판의 기회를 주신 임재무 이사님께 감사드립니다. 그리고 본서의 원고 교정에 도움 주신 김창환 과장님, 권수미 감독관님, 김시영 노무사님께 진심으로 감사 인사 전하고 싶습니다.

지면을 빌어 새로운 도전을 할 수 있도록 발판을 마련해주신 최영진 교수님과 김태윤 교수님, 존경하는 안산지청 권리구

제지원팀 식구들(김재연·이정민 팀장님, 임정훈·사영수 주무관님, 박행은·이시의·송윤숙·소은화 지원관님), 앞으로도 함께할 우리 28조 노무사님들, 자매 같은 김·황·문 노무사님, 영원한 수습 동기 유효석 노무사님, 삼총사 윤정토·이수민 노무사님, 든든한 이학민 변호사님, 무한한 애정으로 지원자가 되어주시는 조성수 법무사님과 손금숙 목사님, 항상 응원해주시는 송화섭·이슬아·김보경 박사님 감사합니다.

마지막으로 부족하지만, 이 책을 찾아주신 독자분께 감사 인사드립니다. 간단하지만 잦은 이슈가 발생하고 있는 사례인 만큼 독자분들의 건강한 근로 생활과 하시는 업무에 도움이 되었으면 좋겠습니다.

2024년 8월

조학희 드림

목 차

들어가면서 —

근로기준법의 시작점: 근로자성 여부

'gig economy'의 등장으로 근로자성 인정 여부가 쟁점이 되는 사례가 증가하고 있습니다. 이처럼 근로자성 인정 여부가 쟁점이 되는 것은 근로기준법의 적용 여부 때문입니다.

근로기준법의 보호를 받기 위해서는 '근로자'임이 전제되어야 합니다. 동법 제2조 제1항 제1호에서 직업의 종류와 관계 없이 임금을 목적으로 사업이나 사업장에 근로를 제공하는 사람을 근로자로 정의하고 있습니다. 즉, '사용종속관계'에서 사용자의 상당한 지휘·감독을 받으며 근로의 대가로 임금을 받는 것을 말합니다.

판례[1]에서는 근로계약의 형식보다는 **'실질주의'**에 입각하여 근로자성 여부를 판단하고 있습니다. 구체적인 판단 기준을 정리하면 다음과 같습니다.

1) 대법원 2004다29736, 2006.12.07.

①	**업무의 내용을 사용자**가 정하고 있는지 여부	
	▸ 적용 point	업무 내용 지시를 거부할 수 있었는지, 업무 내용·방법의 재량 유무 등
②	취업규칙 등의 적용을 받으며 업무수행과정에서 **사용자가 상당한 지휘·감독** 유무	
	▸ 적용 point	사규 등 규정 적용 유무, 업무·규정 불이행 시 징계 등 제재가 있는지
③	**사용자가 근무시간과 장소**를 지정하고 근로자가 이에 **구속**을 받을 것	
	▸ 적용 point	출퇴근 기록 및 근태관리 유무, 지각·결근 시 무급 처리 등 제재 여부
④	노무제공자가 스스로 비품·원자재나 작업도구 등을 소유하거나 제3자를 고용하여 업무를 대행케 하는 등 **독립하여 자신의 계산으로 사업을 영위**할 수 있는지	
	▸ 적용 point	업무 대체성 유무, 작업도구 및 원자재 등 소유자는 누구인지, 노무제공자가 자신의 계산으로 사업을 영위하는지(사업자등록증 유무 등 검토)
⑤	노무제공을 통한 **이윤 창출 및 손실 초래 등 위험**을 스스로 안고 있는지	
	▸ 적용 point	이익 배당 여부 등

⑥	보수의 성격이 **근로 자체의 대상적 성격**인지	
	▸ 적용 point	일의 완성 여부가 아닌 근로시간에 제공한 근로의 대가가 지급되었는지 등
⑦	**기본급 · 고정급**이 정해져 있는지	
	▸ 적용 point	기본급과 인센티브 혼재 시 기본급 비율, 인센티브 지급 기준 등
⑧	근로소득세의 **원천징수 여부** 등 보수에 관한 사항	
	▸ 적용 point	사업소득세(3.3%)를 공제하였는지 등
⑨	근로제공관계의 **계속성**과 사용자에 대한 **전속성**의 유무와 그 정도	
	▸ 적용 point	다른 회사에 취업한 사정 유무 등
⑩	**사회보장제도에 관한 법령에서 근로자로서 지위를 인정받는지** 등 경제적 · 사회적 여러 조건을 종합 판단	
	▸ 적용 point	4대보험 가입 여부 등 검토

위의 모든 기준이 충족되어야 근로자성이 인정되는 것은 아닙니다. 또한 ⑦ · ⑧ · ⑩은 경제적으로 우월한 지위를 이용해 사용자가 임의로 정할 여지가 크기 때문에, 대법원에서는 부수적 판단기준으로 보고 있습니다. 실무에서 근로자성 인정 요소와 부정 요소가 혼재하는 만큼 개별 사안에서 사실관계를 구체적으로 검토하여야 합니다.

법령 표기

건설근로자의 고용개선 등에 관한 법률: 건설근로자법

건설산업기본법: 건산법

고용상 연령차별 금지 및 고령자고용촉진에 관한 법률: 고령자고용법

근로기준법: 법

근로기준법 시행령: 시행령

근로자퇴직급여 보장법: 퇴직급여법

기간제 및 단시간근로자 보호 등에 관한 법률: 기간제법

남녀고용평등과 일·가정 양립 지원에 관한 법률: 남녀고용평등법

노동조합 및 노동관계조정법: 노조법

산업안전보건법: 산업안전보건법

산업재해보상보험법: 산재보험법

외국인근로자의 고용 등에 관한 법률: 외국인고용법

임금채권보장법: 임금채권보장법

최저임금법: 최저임금법

PART

01

근로계약 및 근로관계 변동

CHAPTER 01

근로계약

Q1. 도급 · 위임계약은 근로계약과 다른 건가요?

A.

<도급>이란, 당사자 일방이 어느 **일을 완성**할 것을 약정하고 상대방이 **그 일의 결과에 대하여 보수**를 지급할 것을 약정함으로써 그 효력이 발생하는 것을 말하며(민법 제664조), **<위임>**은 당사자 일방이 상대방에 대하여 **사무의 처리를 위탁**하고 상대방이 이를 승낙함으로써 그 효력이 발생합니다(민법 제680조). 따라서, 원칙적으로 도급 및 위임계약은 사용종속관계를 전제로 하는 근로계약과 다르며, 근로기준법이 적용되지 않습니다.

다만, 형식적으로는 도급이나 위임계약일지라도 실제로는 사용종속관계 하에서 임금을 목적으로 근로를 제공한 근로자라면 근로기준법(이하 '법')의 보호를 받을 수 있습니다.

Q2. '상시 사용하는 근로자 수'에 사장님이나 아르바이트생도 포함되나요?

A.

사장님은 포함되지 않지만, 아르바이트생은 포함하여야 합니다.

시행령 제7조의2 제4항에 따르면, 파견근로자를 제외하고,[1] 사업장에서 사용하는 ① 통상 근로자, ② 기간제 근로자, ③ 단시간근로자 등 **고용형태를 불문**하고 하나의 사업 또는 사업장에서 근로하는 모든 근로자를 포함하여야 한다고 명시하고 있습니다. 또한, 상기 근로자(①~③)에 해당하는 근로자가 1명이라도 있다면, ④ 동거친족[2]이 근로자인 경우[3] 상시 사용하는 근로자 수에 포함하여야 합니다.

실무 Tip

• **상시 근로자 수 계산 방법**

$$\text{상시 근로자 수} = \frac{\text{산정기간 동안 사용한 근로자 연인원}}{\text{산정기간 중 가동일수}}$$

• <상시 사용하는 근로자 수>는 해당 사업 또는 사업장에서 법 적용 사유(휴업수당 지급, 근로시간 적용 등) 발생일 전 1개월(사업이 성립한 날부터 1개월 미만인 경우에는 그 사업이 성립한 날 이후의 기간) 동안 사용한 근로자의 연인원을 같은 기간 중의 가동 일수로 나누어 산정(시행령 제7조의2 ①)

• 예시

법 적용사유 발생일 '25.6.10.(산정기간 5.10~6.9) 동안 사

1) 도급근로자, 용역근로자도 제외하여야 합니다.

2) 친족일지라도 동거를 하지 않고 있다면 동거친족으로 보지 않습니다.

3) 사업주의 지휘·감독 하에서 임금을 목적으로 근로를 제공하여야 합니다.

용 근로자의 연인원 110명, 산정기간 중 가동일수 19일인 경우, 상시 근로자 수는 5.7명(110명÷19일)

- 위의 계산방법에 따라 상시근로자 수가 5인 이상 또는 미만으로 나오더라도 아래의 경우에 따라 법 적용 여부가 달라질 수 있음을 유의(시행령 제7조의2 ②)

해당 사업 또는 사업장의 근로자 수를 산정한 결과 법 적용 사업 또는 사업장에 해당하지 않는 경우에도 산정기간에 속하는 일(日)별로 근로자 수를 파악하였을 때 **법 적용 기준에 미달한 일수(日數)가 2분의 1 미만인 경우**	법 적용 사업(장)으로 봄
해당 사업 또는 사업장의 근로자 수를 산정한 결과 법 적용 사업 또는 사업장에 해당하는 경우에도 산정기간에 속하는 일별로 근로자 수를 파악하였을 때 법 **적용 기준에 미달한 일수가 2분의 1 이상인 경우**	법 적용 사업(장)으로 보지 않음

- (참고)

결근자, 휴직자	고용관계가 유지되고 있는 한 상시근로자 수 산정범위에 포함
육아휴직 대체자	육아휴직자는 포함하되, 육아휴직 대체자는 불포함
특정 요일에만	통상의 근로자와는 달리 특정 요일에만 출근하는 근로자는 해당 요일에만 연인원에 산입(근

근무하는 근로자	로기준정책과-6050, 2019.11.29.) 다만, 교대제이거나 스케줄 근무자로 사회통념상 상시 근무하는 것으로 보는 것이 합리적인 경우에는 해당 요일에만 산입해서는 아니되며, 가동일의 연인원에 모두 포함

Q3. 상시 근로자 수 5인 미만 사업장에는 근로기준법이 적용되지 않나요? ★

A.

전면 적용되지 않지만, **부분적**으로 **적용**됩니다. 5인 미만 사업장에 적용되는 주요 법 규정은 다음과 같습니다.[4)]

근로조건의 명시·교부, 해고 금지 기간, 해고의 예고, 금품청산, 임금 지급(직접불, 전액불, 통화불, 정기불 원칙), 건설업에서의 임금 지급 연대책임, 비상시 지급, 임금의 시효(임금채권 3년), **휴게시간**, **주휴일**, 임산부의 보호 등이 있습니다.

Q4. 본사와 지점을 동일한 사업(장)으로 볼 수 있나요? 판단 기준이 어떻게 되나요?

4) [부록] 상시 4명 이하의 근로자를 사용하는 사업(장)에 적용하는 근로기준법 규정 참조

A.

동일한 사업(장)으로 볼 수 있는지는 상시 근로자 수 포함 범위 판단의 실익이 있습니다.

고용노동부에 따르면,[5] 본사와 지점을 동일한 사업 또는 사업장으로 본 경우는 ① **동일한 장소**에 있는 경우, ② 장소적으로 **분리**되어있더라도 업무처리 능력 등을 감안할 때 하나의 사업이라고 말할 정도의 **독립성이 없는 경우**가 있습니다. 행정해석 내용을 정리하면 다음과 같습니다.

<table>
<tr><td rowspan="3">본사·지점 등 동일한 장소에 있는 경우</td><td><원칙></td><td>➜ 1개의 사업(장)</td></tr>
<tr><td rowspan="2"><예외></td><td>• 현저하게 근로 형태가 다름
• 한국표준산업분류상 산업(대분류)이 다른 경우
• 서로 다른 단체협약·취업규칙 적용
• 노무관리, 회계 등 명확히 구분 등</td></tr>
<tr><td>➜ 독립된 사업(장)</td></tr>
<tr><td rowspan="3">본사·지점 등 장소적으로 분산되어 있는 경우</td><td><원칙></td><td>➜ 각각 별개 사업(장)</td></tr>
<tr><td rowspan="2"><예외></td><td>• 업무처리 능력 등을 감안 시, 하나의 사업으로 볼 수 있는 경우
• 동일한 단체협약·취업규칙 적용
• 노무관리, 회계 등 미구분</td></tr>
<tr><td>➜ 1개의 사업(장)</td></tr>
</table>

5) 근기01254-13555, 1990.09.26.

실무 Tip

노무관리 동일성 판단 시, 본사와 지점의 급여체계 동일성, 채용 진행 여부 및 인원·조건 결정 독립성 여부 등이 고려됩니다.[6]

Q5. 근로계약서의 기준보다 취업규칙이 불이익하게 변경된 경우, 취업규칙의 저하된 근로조건이 적용되나요? ★

A.

아닙니다. 원칙적으로 법원(法源)[7]이 서로 충돌하는 경우에는 상위법 우선의 원칙[8]이 적용되지만, 근로계약과 취업규칙이 충돌할 때는 **법 제97조 반대해석**에 따라, 취업규칙에서 정한 기준보다 유리한 근로조건을 정한 근로계약은 유효합니다. 즉, **유리성의 원칙[9]에 따라 근로자와의 개별적인 근로계약의 조건이 우선**됩니다.

질의와 같이 집단적 동의를 받아 취업규칙 불이익 변경이 적법하게 이뤄졌다고 하더라도, 기존에 유리하게 체결한 근로계약의 조건은 유효하며, 개별 근로자의 동의가 없다면, 변경된 취업규칙 내용이 근로계약의 내용을 변경할 수 없습니다.[10]

6) PART 02. 임금 및 퇴직금, CHAPTER 04. 퇴직금, Q10. 참고하시면 도움이 됩니다.
7) 법을 생기게 하는 근거를 말합니다.
8) 헌법 > 관계 법률 > 단체협약 > 취업규칙 > 근로계약
9) 하위규범이 근로자에게 더 유리할 때 하위규범이 우선 적용되는 것을 말합니다.
10) 대법원 2018다200709, 2019.11.14.

Q6. 근로조건 변경할 때마다 근로계약서를 작성해야 하나요?

A.

네. 법 제17조 제1항에 의거한 명시 사항을 변경할 때도 적용되므로, **근로조건이 변경될 때마다** 근로계약서를 작성하여야 합니다.

참고로, 동법 제17조 제2항의 교부 의무는 ① 근로계약을 체결(또는 변경)할 때, ② 단체협약이 변경될 때, ③ 취업규칙이 변경될 때, ④ 대통령령으로 정하는 사유로 인하여 변경이 되는 경우입니다. 다만, ②~④의 경우는 근로자의 요구가 있을 때 교부하면 됩니다.

Q7. 출근한 지 한참이 지난 후 근로계약서를 작성 · 교부받았습니다. 법 위반으로 처벌 가능한가요?

A.

근로계약을 체결할 때 근로계약서를 교부하게 되어 있으므로, 근로 개시 이후 근로계약서를 작성 · 교부하였다면 법 위반이 됩니다. 다만, 근로계약서를 근로계약 체결 시 교부할 수 없었던 합리적 사정이 인정된다면 법 위반으로 바로 처벌로 이어지기는 어렵습니다.[11)]

11) 근로기준정책과-2558, 2020.06.25.

Q8. 근로계약 갱신 시 근로계약서를 새로 쓰지 않은 경우, 법 위반으로 신고할 수 있나요?

A.

근로계약을 '**체결할 때**'와 임금, 소정근로시간, 주휴일, 연차휴가, 취업 장소 및 업무, 기숙사 사항 등의 '**근로조건 변경**'이 있는 경우, 법 제17조 제1항에 따른 명시 의무가 발생하고, 동법 제2항에 따라 임금의 구성항목 · 계산방법 · 지급방법 등을 서면으로 명시하여 교부하여야 합니다.

즉, 위의 근로조건 변경 없이 근로계약기간만 연장되어 갱신된 것이라면, 법 제17조의 서면 명시 및 교부 의무가 적용되지 않아 법 위반 사항이 있다고 보기 어렵습니다.

Q9. 근로조건 필수기재 사항 중 일부 미기재도 위법인가요? ★

A.

네, 법 제17조 제2항의 근로조건은 모두 서면으로 명시하여야 합니다. 근로계약서를 서면으로 교부하였더라도, 법에 규정된 필수기재 사항 중 일부가 명시되지 않았다면 법 위반이 됩니다.

실무 Tip

- 기간제 근로자의 경우, 근로조건 서면 명시에 대하여 근로기준법과 기간제법 모두 적용된다는 것이 고용노동부의 입장입

니다.[12] 그러므로, 근로기준법 위반으로 벌금과 기간제법 위반으로 과태료가 동시에 부과될 수 있으니 아래 각 법의 서면 명시 사항을 확인하시길 바랍니다.

- 근로조건 **서면** 명시

	근로기준법	기간제법
필수기재 사항	① 임금(구성항목, 계산방법, 지급방법) ② 소정근로시간 ③ 주휴일 ④ 연차유급휴가	① 근로계약기간 ② 근로시간 · 휴게 ③ 임금(구성항목, 계산방법, 지급방법) ④ 휴일 · 휴가 ⑤ 취업 장소 · 종사하여야 할 업무 ⑥ 근로일 및 근로일별 근로시간(단시간근로자에 한정)
위반 시	• 500만원 이하 벌금	• 500만원 이하 과태료[13] - ① · ③ · ⑥(1개 당): 1차 50만원, 2차 100만원, 3차 이상 200만원 - ② · ④ · ⑤(1개 당): 1차 30만원, 2차 60만원, 3회 이상 120만원

12) 근로기준정책과-5099, 2018.08.18.

13) 기간제법 시행령 [별표 3] 과태료의 부과기준 참조

Q10. 근로계약서에 임금의 계산방법이 기재되어 있지 않습니다. 법 위반 아닌가요?

A.

고용노동부에 따르면,[14] 법 제17조 제2항에서 임금의 계산방법 명시 · 교부 의무의 취지는 근로자로 하여금 임금을 정확히 산정할 수 있도록 구체적으로 기재하기 위함입니다. 따라서, 임금의 구성 항목과 그 금액이 모두 상세히 기재되어 임금산정에 문제가 없다면, 세부적인 계산식으로 기재되어 있지 않았다는 것만으로는 법 위반으로 보기 어렵습니다.

Q11. 사용자가 근로계약서를 사진으로 찍어 카톡 메시지로 보내주었습니다. 근로계약서 교부 의무를 다했다고 볼 수 있나요?

A.

법 제17조 제2항에 의하면, '서면'으로 근로자에게 교부하여야 한다고 규정하고 있습니다. 여기서 **<서면>**이란 **종이로 된 문서**를 의미합니다.[15] 법에서의 서면은 「전자문서 및 전자거래 기본법」 제2조 제1호에 따른 전자문서를 포함합니다.

전자문서는 단순히 사진 파일을 말하는 것이 아니며, 법적 정의는

14) 근로기준정책과-6461, 2019.12.24.

15) 근로개선정책과-1128, 2012.02.07.

아래의 표와 같습니다. 그러므로, 사용자가 찍은 사진을 카톡 메시지로 보냈다는 사정만으로 법 제17조의 근로계약서 교부의무를 이행했다고 보기 어렵습니다.

전자문서	정보처리시스템에 의하여 전자적 형태로 작성·변환되거나 송신·수신 또는 저장된 정보
정보처리시스템	전자문서의 작성·변환, 송신·수신 또는 저장을 위하여 이용되는 정보처리능력을 가진 전자적 장치 또는 체계

다만, 노동사건 실무에서 근로계약서 미교부 위반 여부에 관하여 진정인과 피진정인의 의견이 불일치할 경우, 근로계약서 작성 경위와 미교부 정황 및 고의성 등을 종합적으로 조사하여 판단합니다.

실무 Tip

- 근로계약서 하단에 '근로계약서 교부받았음을 확인합니다.'라는 내용과 서명란을 만들어 미교부 분쟁을 방지할 수 있습니다.
- 예시

근로계약서 교부받았음을 확인합니다.	성명 (인)

[case study : **근로자의 근로계약서 서명 거부**]

1. 주요 사실관계

- 근로자 甲은 지인으로부터 대략적인 연봉수준만 듣고 '25.4.1.

부터 A병원에서 간호사로 근무를 시작함
- 근로계약서를 작성하려고 보니 연장·휴일근로 수당이 포함된 포괄임금제였고, 甲은 연장·휴일근로 수당을 실제 근로시간에 부합되도록 별도로 지급해 달라고 요청하며 사업주가 가져온 근로계약서의 서명을 거부함(1차 거부)
- 이후 면담에서도 임금구성항목에 대한 의사합치에 이를 수 없어 갈등이 발생하여 결국 근로자 甲은 근로계약서에 서명을 하지 않았고(2차 거부), 1주일 근무 후 퇴사하였음. 이에 A병원을 법 제17조 제2항 위반으로 진정 제기

2. 사안의 경우

근로계약은 낙성계약으로 청약에 따른 승낙으로 성립되는 것입니다. 사안의 경우 근로계약이 체결된 것으로 볼지라도, 근로계약서에 명시할 사항이 특정되지 아니한 상태로 피진정인에게 근로계약서 미작성의 고의성이 있다고 보기 어려운 측면이 있습니다. 이런 경우 실무에서 법 위반 사실 없음으로 '내사종결'될 수 있습니다. 따라서 근로를 시작하기 전 자신의 근로조건을 정확히 확인하는 것이 중요합니다.

Q12. ① 연봉을 삭감한다고 하는데, 근로자 동의 없이 가능한가요?, ② 동의하지 않으면 연봉은 어떻게 되나요?

A.

① 연봉삭감은 중요한 근로조건 변경으로 **근로자의 '동의'**가 필요하므로, 회사가 일방적으로 연봉을 삭감할 수 없습니다. ② 따라

서, 근로자의 동의가 없다면 종전의 연봉 조건이 그대로 적용되어야 합니다.

회사가 근로자의 동의를 받지 않고, 인사평가 결과 등 합리적 이유 없이 연봉을 삭감하였다면 근로자는 노동청에 임금체불 진정을 제기하실 수 있습니다.

Q13. 근로계약서를 쓰지 않고 근무하였습니다. 근로계약이 체결된 게 아닌가요?

A.

그렇지 않습니다. 근로계약은 일정한 방식을 요하지 않는 '**불요식계약**'으로, 반드시 서면으로 계약을 체결하지 않더라도 **구두로도 유효**하게 근로계약이 체결됩니다.[16] 한편, 근로계약서 미교부 시 노동청에 신고하실 수 있습니다.

실무 Tip

- 근로계약서 미작성 및 미교부 받은 경우, 임금체불 신고 시 근로사실을 보여줄 수 있는 자료를 최대한 준비하는 것이 중요합니다.
- 예시
  출퇴근 기록부, 근무스케쥴, 업무지시 메일 또는 메시지, 업무사진, 회의록, 업무일지, 구체적인 업무 기록, 명함, 건강보험득실

16) 근기 1451-19740, 1983.08.03.

확인서, 일용근로내역신고 내역, 대화 당사자로 참여한 업무지시 관련 녹취록 등

Q14. 근로기준법보다 낮은 근로조건으로 근로계약을 체결하였을 때(예. 주휴수당 · 퇴직금 미지급 등), 근로기준법의 보호를 받을 수 없나요? ★

A.

법 제15조 제1항에 따르면, 이 법에서 정하는 기준에 미치지 못하는 근로조건을 정한 근로계약은 그 부분에 한정하여 **무효**가 됩니다. 또한, 동법 제2항에 따라서 무효가 된 부분은 법에서 정한 기준이 채우게 되므로, 법에 정해진 **최저기준**으로 보호받을 수 있습니다.

Q15. 1년의 근로계약기간을 지키지 못할 경우, 교육훈련비 200만원을 반납해야 한다고 합니다. 이런 근로계약의 효력이 인정될 수 있나요?

A.

질의의 쟁점은 교육훈련비 반환약정이 법 제20조에서 금지하고 있는 위약 예정의 금지로 볼 수 있는지입니다. 근로기준법에서 사용자는 근로계약 불이행에 대한 위약금 또는 손해배상액을 예정하는 계약을 체결하지 못합니다.[17] 이는 강제 근로로부터 근로자

를 보호하기 위함입니다.

다만, 판례에 의하면,[18] 소정의 요건을 충족하여 근로자의 의사에 반하는 계속 근로를 부당하게 강제하는 것으로 평가되지 않는 경우 반환약정의 유효성을 인정하고 있습니다. 요건을 살펴보면 다음과 같습니다.

(1) ① 사용자가 근로자의 교육훈련 비용을 우선 지출하고, ② 근로자는 실제 지출된 비용의 전부 또는 일부를 상환하는 의무를 부담하기로 하되, ③ 장차 일정 기간 동안 근무하는 경우에 그 상황의무를 면제해주기로 하는 취지의 **약정의 필요성**이 인정되어야 합니다.

(2) 사용자의 업무상 필요와 이익을 위해 원래 사용자가 부담하여야 할 성질의 비용을 지출한 것에 불과한 정도가 아니라 **근로자의 자발적 희망과 이익까지 고려**하여 **근로자가 전적으로 또는 공동으로 부담하여야 할 비용**을 사용자가 대신 지출한 것으로 평가되어야 합니다.

(3) 또한, 약정 근무기간 및 상환비용이 **합리적이고 타당한 범위 내**에서 정하여야 합니다.

따라서, 질의에서 교육훈련비 반환약정의 유효성이 인정될지라도, 근무기간과 상환비용이 합리적인 범위를 넘어 과도한 부분까지 인정되기는 어려울 것입니다.

17) 민법 제398조에서는 당사자의 채무불이행에 대한 손해배상액 또는 위약금을 예정할 수 있도록 하고 있습니다.

18) 대법원 2006다37274, 2008.10.23.

Q16. 근로계약서를 작성할 때, '비밀유지각서'를 함께 작성하였습니다. 퇴사 후 영업비밀 유출 시 위약벌을 정하고 있는데 법이 금지하는 위약 예정 위반 아닌가요?

A.

법 제20조에서 금지하고 있는 위약 예정의 금지는 **근로계약 불이행**에 대하여 위약금 또는 손해배상액을 예정하는 계약을 말합니다. 따라서, 퇴사 후 영업비밀 유출 시 위약벌을 규정하는 것은 근로자 의사에 반하는 계속 근로를 강제한다고 보기 어려워 법이 금지하고 있는 위약 예정으로 볼 수 없습니다.

실무 Tip

- 위약 예정 금지는 근무 중 근로자의 불법행위 등으로 사용자에게 실제 발생한 손해배상청구까지 금지하는 것은 아닙니다.
- 비밀유지각서 등을 작성하실 때, '위약금'인지 '손해배상의 예정'인지 '위약벌'인지 법적 성격을 확인하는 것을 권고드립니다.
- '위약벌'은 계약위반에 따른 벌금과 같은 것으로, 민법 제398조 제2항에 의거한 감액 규정을 적용받을 수 없습니다. 따라서 법적 분쟁 시 민법 제103조 위반으로 주장해 볼 수 있지만 이를 인정받기가 매우 어렵습니다.
- 관련 법령

「근로기준법」

제20조(위약 예정의 금지) 사용자는 근로계약 불이행에 대한 위약금 또는 손해배상액을 예정하는 계약을 체결하지 못한다.

「민법」

제103조(반사회질서의 법률행위) 선량한 풍속 기타 사회질서에 위반한 사항을 내용으로 하는 법률행위는 무효로 한다.

제398조(배상액의 예정) ① 당사자는 채무불이행에 관한 손해배상액을 예정할 수 있다.

② 손해배상의 예정액이 부당히 과다한 경우에는 법원은 적당히 감액할 수 있다.

③ 손해배상액의 예정은 이행의 청구나 계약의 해제에 영향을 미치지 아니한다.

④ 위약금의 약정은 손해배상액의 예정으로 추정한다.

⑤ 당사자가 금전이 아닌 것으로써 손해의 배상에 충당할 것을 예정한 경우에도 전4항의 규정을 준용한다.

Q17. 근로계약서 업무 내용과 다른 업무를 지시할 경우, 노동청에 신고할 수 있나요? ★

A.

법 제19조에 따르면, 법 제17조에 따라 ① **명시된 근로조건**이 사실과 다를 경우에는 **노동위원회에 손해배상**을 청구할 수 있고, ② **즉시 근로계약을 해제**할 수 있다고 명시하고 있습니다. 따라서, 근로계약서 업무 내용과 다른 업무를 지시한 사정만으로 노동청에 신고할 수 있는 것은 없습니다.

「근로기준법」

제19조(근로조건의 위반) ① 제17조에 따라 명시된 근로조건이 사실과 다를 경우에 근로자는 근로조건 위반을 이유로 손해의 배상을 청구할 수 있으며 즉시 근로계약을 해제할 수 있다.
② 제1항에 따라 근로자가 손해배상을 청구할 경우에는 노동위원회에 신청할 수 있으며, 근로계약이 해제되었을 경우에는 사용자는 취업을 목적으로 거주를 변경하는 근로자에게 귀향 여비를 지급하여야 한다.

참고로, 5인 이상 사업장일 경우, 근로자가 취업을 목적으로 거주를 변경하여 법 제19조 제2항에 의거하여 귀향여비를 청구함에도 불구하고, 사용자가 지급하지 않는다면 법 제36조 금품청산 위반으로 관할 노동청에 진정을 제기할 수 있습니다.

실무 Tip

- 법 제19조의 취지는 취업 초기에 사용자가 명시한 근로조건이 사실과 다른 것을 알게 되었을 때, 근로자가 원하지 않는 근로를 강제당하는 것을 방지하고 근로자를 **신속히 구제**하기 위함입니다. 그러므로, 상당 기간이 지난 후에는 근로자의 묵시적 동의가 있었다고 보아, 법 제19조에 따른 구제가 어려울 수 있습니다.
- 또한, 근로계약서의 업무 내용과 다른 업무지시 시, 그 내용이 통상적인 근로 제공을 위하여 업무의 내용이 일부 추가 또는 일부 변경되는 경우라면, 반드시 근로조건에 위반된다고 할

수 없다는 것이 고용노동부의 입장입니다.[19] 따라서, 사회통념상 근로계약 업무 내용과 과도하게 다른 업무 내용을 지시한다면 근로자는 **거부권을 행사**할 수 있을 것입니다. 만약, 그 거부권 행사로 징계나 해고가 있을 경우, 노동위원회에 권리구제 신청을 할 수 있습니다. 다만, 근로계약 업무 내용과 다른 사용자의 업무지시를 오랜 기간 동안 이의제기 없이 수행하였다면, 묵시적 동의가 있어 근로계약 내용이 변경되었다고 볼 수도 있음을 유의하여야 합니다.

- 노동위원회의 손해배상판정에 따라 사용자가 이행하지 않더라도 강제집행방법과 벌칙이 없어 실효성이 낮습니다. 다만, 대법원(97누5732)에 따르면, 손해배상청구권은 임금채권에 준하여 소멸시효를 3년으로 보고 있기 때문에 민사절차를 통한 손해배상청구를 할 수 있습니다.

Q18. 채용 절차에 합격하여 출근일을 기다리던 중, 합격 취소 연락을 받았습니다. 다른 회사의 취업 기회를 포기하고 기다렸던 것인데 사용자를 노동청에 신고할 수 있을까요?

A.

합격 통보를 출근예정일 전에 취소한 것 자체로 사용자를 노동청에 신고하여 권리 구제받는 것은 어렵습니다. 채용 진행 단계에서 채용이 취소되는 경우, 원칙적으로 근로관계가 성립하지 않아 법 제23조 제1항 등이 적용되는 해고라고 보기 어렵기 때문입니

19) 근로기준정책과-3523, 2022.11.11.

다.[20] 따라서, 실무에서 합격 통보로 근로관계가 성립되었다고 볼 수 있는지가 쟁점이 되는 것입니다.

한편, 합격 통보로 근로계약이 성립되었다고 볼 수 있다면, 법 제23조 제1항의 정당한 이유 없이 합격 통보를 취소한 것은 부당해고에 해당하므로, 노동위원회에 부당해고 구제신청을 제기할 수 있습니다. 또한, 합격 통보 취소로 인하여 다른 회사의 취업 기회를 포기함으로써 손해가 발생하였다면 민사에 따른 손해배상청구를 고려하실 수 있습니다.

실무 Tip

사건에서 채용 필요서류 제출 여부, 통지 문언과 그 의미, 취업규칙 등 채용 절차 규정 내용 등을 종합적으로 살펴 당사자 사이에 구속력이 있는 채용내정으로 볼 수 있는지, 아니면 호혜적인 의미를 가지는 것에 불과한지를 판단하게 됩니다.

Q19. 근로계약 체결 시 근로 개시일만 작성하고 **근로 종료일**을 **공란**으로 두었을 때, 기간 정함 없는 근로계약을 체결했다고 볼 수 있나요?

A.

단순히 근로 종료일을 공란으로 두었다는 점만으로 바로 기간 정함이 없다고 볼 수는 없습니다. 근로계약서를 작성할 당시 당사자

20) 근로기준정책과-1971, 2021.07.05.

의 의사, 경위, 채용공고나 채용 절차 중 근로계약기간에 대한 명시 내용, 취업규칙 내용 등이 종합적으로 고려 판단되어야 합니다.

한편, 고용노동부에 따르면,[21] 근로 종료일을 공란으로 둔 경우, 근로계약기간에 대한 구두 명시가 없어 당연히 계속 근로할 것으로 믿고 있었던 점 등을 비추어 보았을 때 달리 볼 사정이 없는 한 기간 정함이 없는 근로계약을 체결한 것으로 본 바 있습니다.

실무 Tip

- 취업규칙 등에 근로계약기간 규정이 명시되어있는지 확인합니다.
- 예시
  - 근로계약서에 기간 정함이 없음을 명시한 것을 제외하고는 근로계약기간을 1년으로 한다. 필요에 따라 1년 단위로 연장(갱신)할 수 있다.

21) 차별개선과-1251, 2008.08.01.

CHAPTER 02

(과도기적) 근로관계 및 변동

Q1. ① 수습기간 장단의 제한이 있나요?, ② 회사에서 수습기간은 계속근로기간에 미포함된다고 하는데, 맞나요?

A.

① 법령상 수습기간 장단에 대한 제한 규정은 없습니다. 따라서 사회통념상 인정되는 범위 내에서 지나치게 장기간이 되지 않도록 하여 취업규칙 및 개별 근로계약 등으로 정할 수 있습니다.

② 수습기간도 계속근로기간에 포함되는 기간입니다. 퇴직 시 수습기간이 퇴직금 산정기간에 미포함되어 있다면, 퇴사일로부터 14일이 지난 후[1] 진정을 제기할 수 있습니다.

Q2. 근로계약서에 시용(수습)기간을[2] 따로 명시하지 않았습니다. 출근하니 3개월은 시용기간이라고 하는데 가능한 건가요?

---

1) 법 제36조에 금품청산 기간을 14일 이내로 정하고 있으므로, 이 기간이 지난 후 노동청에 진정 접수가 가능합니다. 만약 지급기일 연장에 합의하였다면, 합의일이 지난 후 진정을 제기하면 됩니다. 만약, 퇴사일이 명확하지 않을 때는 마지막 근로일을 기준으로 합니다.

2) 실무에서 수습과 시용을 혼용하여 사용하는 경우가 많아 이 책에서는 엄격한 구분을 하지 않았습니다.

A.

대법원에 따르면,[3] 시용계약이 성립되기 위해서는 근로계약에 **사용 여부**와 **기간**을 **'명시'**하여야 합니다. 따라서, 시용기간을 따로 명시하지 않았다면 시용계약이 체결되었다고 볼 수 없고 정식직원으로 채용된 것으로 보아야 합니다.

Q3. ① 수습기간 중 최저임금의 90%만 지급하는 것이 가능한가요?, ② (가능하다면) 언제까지 감액할 수 있나요?

A.

① 최저임금법 제5조에 따르면, 수습기간 중 최저임금의 90%를 지급하기 위해서는 **1년 이상** 근로계약을 체결한 근로자로 수습을 시작한 날부터 3개월 이내인 사람으로 **단순 노무 종사자**[4] **가 아니어야** 합니다. 즉, 단순 노무 종사자는 감액할 수 없습니다.

② 위의 요건 하에서 최저임금의 10%를 감액하여 지급할 수 있으므로, **3개월까지**만 최저임금의 90%를 지급할 수 있으며, 그

3) 대법원 90다4914, 1991.11.26.

4) 「한국표준직업분류」상 대분류 9(단순 노무 종사자)에 해당하는 사람을 말합니다. 이는 수공구를 사용하거나 단순 · 일상적인 업무로 거의 제한된 창의성과 판단만이 필요한 업무로 일부 노동강도가 높아 체력이 문제되는 경우를 제외하고는 비교적 용이한 업무를 말합니다. 중분류로는 ① 건설 · 광업 관련 단순노무직, ② 운송 관련 단순노무직, ③ 제조 관련 단순노무직, ④ 청소 · 경비 관련 단순노무직, ⑤ 가사 · 음식 · 판매 관련 단순노무직, ⑥ 농어업 · 기타서비스 관련 단순노무직이 있습니다.

이후로는 정상적인 임금이 지급되어야 합니다.

Q4. ① 수습기간에도 해고제한 규정이 적용되나요?, ② 수습기간에 해고(또는 본채용 거부)되어도 부당해고 구제신청을 할 수 있나요? ★

A.

① 네. 수습기간에도 근로기준법이 동일하게 적용되므로, 해고제한 규정이 적용됩니다. 다만, 상시 근로자 5인 미만 사업장일 경우, 법 제23조 제1항(해고 정당성), 제24조(경영상 해고), 제27조(해고서면 통지)는 적용되지 않습니다.

② 상시 5인 이상 근로자를 사용하는 사업(장)일 경우에만 법 제23조 제1항 및 제28조를 근거로 노동위원회에 부당해고 구제신청을 할 수 있습니다.[5)]

Q5. 기간제 근로자로 근무하다가 정규직 근로자로 채용되었을 때, 계속근로기간은 이어지는 건가요?

A.

질의와 같이 기간제 근로자에서 정규직 근로자로 채용되는 과정

5) 수습기간의 해고는 일반적인 해고의 정당성 판단 기준보다 넓게 인정될 수 있지만, 합리적이고 상당한 이유가 있음이 사회통념상 상당하다고 인정되어야 합니다(대법원 2002다62432, 2006.02.24.).

에 **공백기간 존재 여부**에 따라 아래의 판단 기준을 참고하시길 바랍니다.

(1) 공백기간이 **없는** 경우

① 원칙: 합산

근로계약이 만료됨과 동시에 근로계약을 갱신 또는 동일한 조건의 근로계약을 반복하여 체결한 경우는 갱신 및 반복한 계약기간을 모두 합산합니다.[6]

② 예외: 미합산

대법원에 따르면,[7] 반복 또는 갱신 근로계약 전후와 관련한 당사자들의 의사, 업무 내용 및 장소와 근로조건 유사성, 반복 또는 갱신 과정에서 이루어진 절차나 경위 등[8]을 고려하였을 때, 단순 반복 갱신이 아닌 새로운 근로관계가 형성되었다고 평가할 수 있는 경우 전후 근로계약기간을 합산할 수 없습니다.

(2) 공백기간이 **있는** 경우

① 원칙: 단절

행정해석(고용차별개선과-2457, 2013.12.06.)에 의하면, 계약기간의 만료로 근로관계를 종료하고 일정 기간 경과 후 신규 채용 절차를 통해 새로운 근로계약을 체결한 경우, 각 별개의 것으로 보아 종전의 근로관계는 단절되었다고 보아

---

6) 대법원 93다26168, 1995.07.11.

7) 대법원 2017두61874, 2020.08.27.

8) 공개채용 절차 존재 여부 등이 있습니다.

야 합니다.

② **예외: 합산**

공백기간 길이와 총 사용기간에 공백기간이 차지하는 비중, 공백기간이 발생한 경위, 공백기간 전후 업무 내용과 근로조건의 유사성, 사용자가 공백 동안 해당 기간제 근로자의 업무를 대체한 방식과 기간제 근로자에 대해 취한 조치, 공백기간에 대한 당사자의 의도나 인식, 다른 기간제 근로자들에 대한 근로계약 반복·갱신 관행 등을 종합하여 공백기간 전후의 근로관계가 단절 없이 계속되었다고 볼 수 있는지 판단합니다.[9]

Q6. 자체적으로 근로자를 채용하여 사업을 운영하는 사업장이 관리 형태를 위탁관리로 바꿀 경우, 고용승계가 되는 건가요?

A.

자체 운영에서 위탁관리로 변경하는 것이 '영업양도'로 볼 수 있는지 판단하는 것이 중요합니다. 영업양도로 볼 수 있다면 원칙적으로 양도인과 근로자의 근로관계가 양수인에게 승계되기 때문입니다.

대법원에 따르면,[10] **<영업양도>**는 일정한 영업 목적에 의하여 조직화된 업체, 즉 인적 물적 조직을 그 동일성은 유지하면서 일체로서 이전하는 것을 말합니다. 여기서 **'동일성'** 여부가 핵심 쟁점

9) 대법원 2016두63705, 2019.10.17.

10) 대법원 2002다23826, 2003.05.30.

이 됩니다. 판례에서는 동일성 여부를 **종래의 영업조직이 유지**되어 그 조직이 전부 또는 중요한 일부로서 기능할 수 있는지를 중요하게 보고 있습니다.[11)]

따라서 관리 형태를 위탁관리로 변경하였지만, 기존의 인적 조직이 그대로 유지되면서 같은 업무 내용을 수행한다면, 인적 조직의 동일성이 유지된다고 볼 수 있으므로, 고용승계된다고 보는 것이 타당합니다.

실무 Tip

- 영업양도 판단 기준(근로기준정책과-814, 2023.03.13.)
  - 사업목적의 동일성
  - 기존 고객 관계 유지 여부
  - 생산시설 · 수단 · 목적의 동일성
  - 자산 및 부채 이전 정도
  - 이전 근로자 계속 고용 여부와 정도, 종래 조직의 유지 여부
  - 양도양수계약서 내용 등
- 포괄승계 시, 종전회사의 근속기간을 승계회사에 산입하지 않는다는 특약을 정했을지라도, 이 특약은 근속기간에 관한 근로자의 기득권을 제한하는 조항으로 근로자의 동의가 없는 한 근로자에게 구속력을 미치지 않습니다.[12)]

11) '영업재산 전부'를 양도했더라도 종래의 영업조직이 해체되어 양도되었다면 영업양도로 볼 수 없습니다. 반면, '영업재산 일부'만이 양도되었을지라도, 그 양도한 부분만 종래의 조직이 유지되어 있다고 사회관념상 인정되면 영업양도라고 볼 수 있습니다(대법원 99두2680, 2001.07.17.)

12) 대법원 91다12806, 1991.11.12.

Q7. 아파트 관리업자가 변경되는 경우, 고용승계되는 경우와 고용승계가 되지 않는 경우가 궁금합니다.

A.

아파트 종사 근로자의 근로조건 보호지침(근기68206-564, 1999.11.09.)의 내용을 정리하면 다음과 같습니다.

(1) **고용승계되는 경우:** 외형상으로 아파트 입주자대표회의와 주택관리업자가 위수탁 관계에 있을지라도, 사실상 **입주자대표회의가 근로기준법상 사용자**로서 지위를 가진다고 볼 수 있을 경우

- 판단 기준: ① **입주자대표회의**가 실질적으로 직원의 급여나 퇴직금 지급 결정에 **최종 결재권**이 있는 경우, ② 채용, 배치 전환, 징계 등 인사 조치에 대하여 위탁업체인 주택관리업체에게 지시 또는 최종 결재하는 경우
- 법적 효과: 종전 업체와 근로자와의 근로관계가 새로운 주택관리업자에게 고용 유지됨

(2) **고용승계가 되지 않는 경우:** 주택관리업자가 **인사노무 등 전권을 행사**하는 경우

- 판단 기준: ① 아파트 관리업무를 수탁받은 주택관리업자가 직원의 채용, 임금 지급 등 인사노무관리의 전권을 행사하는지, ② 매월 관리비 등 징수 및 사용 등에 관하여 전권을 행사하는 경우
- 법적 효과: 새로운 주택관리업자로 바뀐다고 하더라도 새로

운 수탁회사는 종전 업체의 근로관계를 승계하여야 할 의무가 없음

Q8. 고용승계 전 대표자에게 못 받은 임금이 있는 경우, 임금 지급 주체와 처벌 대상은 어떻게 되나요?

A.

고용승계가 되었다면, 임금 지급의무도 승계되므로, 양수회사가 체불임금 지급의무를 지게 됩니다. 반면, 범죄발생일 기준으로 그 시점의 대표자가 임금체불에 따른 형사책임을 집니다.

Q9. 다른 회사로 '전적'할 경우, 근로관계는 어떻게 변경되나요?

A.

<전적>은 종래에 종사하던 기업과의 사이의 근로계약을 합의 해지하고, 이적하게 될 기업과 사이에 새로운 근로관계를 체결하거나 근로계약상 사용자의 지위를 양도하는 것입니다.[13] 그러므로, 근로자가 동의하여 전적할 경우 ① 종전회사와는 근로관계가 종료되고, 전적할 새로운 회사와 근로관계가 체결되거나, ② 종전회사와의 근로관계가 새로운 회사로 양도됩니다.

실무에서 전적에 따른 근로관계 변동사항이 퇴직금 지급 대상 사업주가 누구인지와 계속근로기간 산정 등에 있어 쟁점이 됩

13) 대법원 92다11695, 1993.01.26.

니다.[14)]

Q10. 사직서 제출 후, 재입사한 경우 계속근로기간이 이어지는 건가요?

A.

근로자의 자유의사에 따라 하자 없는 퇴직의 의사표시에 따라 사직서가 제출되었다면 근로관계가 단절되었다고 볼 수 있습니다. 이 경우 재입사한 시점부터 계속근로기간이 새로이 시작됩니다. 다만, 사직서 제출이 형식적인 것에 불과하다면, 계속근로기간이 이어져야 합니다.

Q11. 기간제로 2년을 초과하여 근무하면 무기계약직으로 전환되나요?

A.

기간제법 제4조 제1항 단서의 2년을 초과하여 근무할 수 있는 예외 사유에 해당하는지 확인하셔야 합니다. 아래의 예외 사유에 해당하지 않는다면, 기간제법 제4조 제2항에 따라 기간제로 2년을 초과하여 근무하면 기간의 정함이 없는 근로계약을 체결한 근로자로 봅니다.

---

14) 전적의 유효성에 따른 퇴직금 지급 주체와 계속근로기간 산정방법 쟁점은 PART 02. 임금 및 퇴직금, CHAPTER 04. 퇴직금, Q11.에서 다룹니다.

「기간제법」

제4조(기간제근로자의 사용) ① 사용자는 2년을 초과하지 아니하는 범위 안에서(기간제 근로계약의 반복갱신 등의 경우에는 그 계속근로한 총기간이 2년을 초과하지 아니하는 범위 안에서) 기간제근로자를 사용할 수 있다. **다만, 다음 각 호의 어느 하나에 해당하는 경우에는 2년을 초과하여 기간제근로자로 사용할 수** 있다.

1. 사업의 완료 또는 특정한 업무의 완성에 필요한 기간을 정한 경우
2. 휴직 · 파견 등으로 결원이 발생하여 해당 근로자가 복귀할 때까지 그 업무를 대신할 필요가 있는 경우
3. 근로자가 학업, 직업훈련 등을 이수함에 따라 그 이수에 필요한 기간을 정한 경우
4. 「고령자고용촉진법」 제2조제1호의 고령자와 근로계약을 체결하는 경우
5. 전문적 지식 · 기술의 활용이 필요한 경우[15]와 정부의 복지정책 · 실업대책 등에 따라 일자리를 제공하는 경우로서 대통령령으로 정하는 경우[16]
6. 그 밖에 제1호부터 제5호까지에 준하는 합리적인 사유가

15) ① 박사 학위(외국에서 수여받은 박사 학위를 포함한다)를 소지하고 해당 분야에 종사하는 경우, ② 「국가기술자격법」 제9조제1항제1호에 따른 기술사 등급의 국가기술자격을 소지하고 해당 분야에 종사하는 경우, ③ 전문자격을 소지하고 해당 분야에 종사하는 경우(건축사, 공인노무사, 공인회계사, 관세사, 변리사, 변호사, 보험계리사, 손해사정사, 감정평가사, 수의사, 세무사, 약사, 한약사, 한약업사, 한약조제사, 의사, 치과의사, 한의사, 경영지도사, 기술지도사, 사업용조종사, 운송용조종사, 항공교통관제사, 항공기관사, 항공사)

16) 기간제법 시행령 제3조 제2항 참조

있는 경우로서 대통령령으로 정하는 경우[17]
② 사용자가 제1항 단서의 사유가 없거나 소멸되었음에도 불구하고 2년을 초과하여 기간제근로자로 사용하는 경우에는 그 기간제근로자는 기간의 정함이 없는 근로계약을 체결한 근로자로 본다.

Q12. 요양보호사로 3년째 일하고 있습니다. '케어대상자의 임종 시까지'로 근로계약을 체결하였는데, 회사에서 케어대상자 임종으로 근로계약이 만료되었다고 통보받았습니다. 구제방안은 어떻게 되나요?

A.

고용노동부에 따르면,[18] '케어대상자의 임종 시까지'로 근로계약 기간을 정하는 것은 근로계약 존속기간의 시간적 측정이 객관적으로 명백하지 않고, 고용기간의 만료가 케어대상자의 주관적 사정에 의존하게 되는 계약으로 존속기간의 약정이 있는 근로계약이라고 보지 않습니다.

그러므로, 기간 정함이 없는 근로자로 보는 것이 타당하며 회사에서 케어대상자 임종으로 근로계약 만료 통보를 하였다면 노동위원회에 부당해고 구제신청을 하시길 바랍니다.

17) 기간제법 시행령 제3조 제3항 참조
18) 고용차별개선과-1070, 2012.05.30.

Q13. 기간제 근로계약 중 정년 도달 시 근로계약이 만료되는 건가요?

A.

일반적으로 정년은 '기간의 정함이 없는 근로자'를 대상으로 하는 것으로, 기간제 근로계약을 체결한 기간제근로자의 경우에는 정년제의 대상이 되지 않으므로,[19] 기간제 근로계약서의 근로계약기간이 우선합니다. 다만, 기간제 근로계약 시에도 정년이 적용된다는 특약이 있는 경우에는 기간제 근로계약에도 정년이 적용될 수 있습니다.

19) 고용차별개선과-1629, 2016.08.16. 참조

PART

02

임금 및 퇴직금

CHAPTER 01

임금

Q1. 임금의 정의, 판단 기준, 판단 실익은 무엇인가요? ★

A.

질의의 답변은 아래와 같습니다.

(1) **정의:** 사용자가 근로의 대가로 근로자에게 임금, 봉급, 그 밖에 어떠한 명칭으로든지 지급하는 모든 금품(법 제2조 제1항 제5호)

(2) **판단 기준**[1]: ① **근로의 대가**로서 ② **계속적, 정기적** 지급되는 것으로, ③ 그 지급에 대하여 단체협약 및 취업규칙 등에 따라 **사용자에게 지급의무**가 있는 것으로 **명칭 불문**합니다. 또한, 지급의무의 발생 여부가 근로제공과 **직접적** 또는 **밀접**하게 관련된 것으로 개별 근로자의 특수하고 우연한 사정에 의하여 좌우되는 것은 임금성이 부정됩니다.[2]

(3) **판단 실익:** 대표적으로 ① 평균임금 산정, ② 통상임금 산정, ③ 최저임금 산입범위 판단이 있습니다.

1) 대법원 2000다18127, 2002.05.31., 2000두9717, 2002.10.25.

2) 지급근거(단체협약, 취업규칙, 근로계약서, 노동관행 등)에 의하여 사용자가 지급액이나 지급 여부를 임의로 결정할 수 없는 것을 말합니다. 즉, 지급요건을 충족하면 사용자가 지급을 거부할 수 없는 것을 의미합니다.

Q2. 일정한 판매실적을 달성한 경우, 매달 지급되는 개별 인센티브(성과급)는 임금에 해당하나요? 회사가 지급하지 않으면 어떻게 대처해야 하나요?

A.

주된 업무수행으로 인한 성과는 근로의 대가로 볼 수 있습니다.[3] 또한, 단체협약, 취업규칙, 근로계약서, 노동관행 등으로 **이미 정해진** 지급기준 충족하여 사용자가 그 지급을 거부할 수 없다면, 해당 개별 인센티브는 임금으로 보는 것이 타당합니다.[4] 따라서, 회사가 지급을 거절한다면 노동청에 임금체불 진정을 제기하시길 바랍니다.

Q3. 민간기업의 집단성과급은 임금이 아닌가요?

A.

대법원 판례[5]에 따라 공공기관의 집단성과급(경영평가성과급)이 임금에 포함됨을 알고 계시지만, 민간기업의 집단성과급은 임금성이 부정된다고 알고 계신 경우가 많습니다.

최근 지방법원(2019가합538253, 2021.04.15.)에서 민간기업 집단성과급의 임금성이 인정된 주요한 판례가 나온 바 있어 단순히 명

3) 대법원 2011다23149, 2011.07.14. 참조

4) 근로기준정책과-2712, 2019.05.03. 참조

5) 대법원 2018다231536, 2018.12.13., 2015두36157, 2018.10.12.

칭과 공공기관 또는 민간기업 여부에 따라 임금성을 판단할 것은 아닙니다. 과거보다 사실관계가 더욱 복잡해짐에 따라 지급실태를 면밀히 살펴보아야 합니다.

(1) **일반적 판단 기준:** PART 02. 임금 및 퇴직금, CHAPTER 01. 임금, Q1. 참조

→ (Point) 지급 여부, 지급액 등이 **불확정적**이고 **일시적**인 것은 아닌지 판단

실무 Tip

단체협약, 근로계약서 등에 집단성과급 지급요건 및 지급시기가 정해져 있어도, 기업 전체 측면에서의 성과충족 여부는 각 성과에 따라 달라지므로 임금으로 보기 어렵다고 보았으나,[6] 최근에는 당기순이익을 근로제공을 발생 원인으로 하여 생성된 결과물로 보았고, 지급요건·시기가 정해져 있어 사용자가 지급을 거절할 수 없고, 지급요건을 충족하지 못해 실제로 지급이 되지 않았더라도 이는 지급될 구체적인 액수가 사후에 확정된다는 의미일 뿐 지급의무가 없다고 볼 수 없다고 하여 임금으로 본 사례가 있습니다.[7] 따라서 아래의 추가 검토사항을 함께 살펴보시길 바랍니다.

(2) **추가 검토사항**[8]

→ ① 매년 한 차례씩 성과급 지급이 **관례화**되었다고 볼 수

6) 근로개선정책과-4400, 2011.11.10.

7) 서울고법 2021나2015527, 2022.01.21.

8) 서울중앙지법 2019가합538253, 2021.04.15.

있는지, ② 노사합의나 내부결재를 통하여 미리 정해진 경영실적 **기준을 달성하면 그 지급을 거절할 수 없는지** 또는 **그 기준 달성 시 예외 없이 지급**을 해왔는지, ③ 집단성과급이 근로자의 **통상의 생활임금의 기능**을 하였는지,[9] ④ 근속기간에 **비례**하여 지급율이 정해지는 등 **근로의 대가**로 볼 수 있는 사정이 존재하는지, ⑤ 근로기준법 관점에서 실질을 비추어 보았을 때 **임금으로 보호할 필요성**이 있는지, ⑥ 고유의 업무수행 외의 사유에 기하여 지급된 **은혜적 급부**로 볼 수 있는지 등 종합적으로 검토하시길 바랍니다.

Q4. 회사가 단체협약에 지급하기로 한 수당을 지급하지 않습니다. 노동청에 신고할 수 있나요?

A.

노조법 위반으로 관할지청에 신고하실 수 있습니다. **노조법 제92조** 제1호 임금·복리후생비, 퇴직금에 관한 사항을 위반할 시 1천만원 이하의 벌금이 부과될 수 있습니다.

9) 판례에서 채용설명회 등에서 기본연봉 외에 추가로 성과급을 지급한다고 명시한 사정 등으로 근로자가 그 성과급의 지급을 전제로 통상적인 생활을 계획하고 영위하였으므로 집단성과급이 생활임금으로 기능을 하였다고 보았습니다(2019가합538253).

Q5. 어린이집 교사로 일하면서 지자체에서 받는 '처우개선비'도 임금인가요?

A.

법 제2조에 따라 '임금'은 **사용자가** 근로의 대가로 근로자에게 **지급**하는 금품을 말하는 것이기 때문에, 지자체에서 지급하는 '처우개선비'는 임금에 해당하지 않습니다.

Q6. 업무 중 발생한 손해배상액 또는 과태료(예. 회사 차량 주정차·속도위반 등)를 임금에서 공제할 수 있나요? ★

A.

임금은 **법 제43조**에 따라 **전액** 지급되어야 합니다. 즉, 원칙적으로는 사용자는 근로자의 동의 없이 일방적으로 손해배상액 또는 과태료를 공제하여서는 안 됩니다. 이를 위반할 시 3년 이하의 징역 또는 3천만 원 이하의 벌금이 부과될 수 있습니다. 만약, 근로자 과실로 사용자에게 손해가 발생하였다면 법원에서 손해배상청구 등을 통하여 변제받는 것이 바람직합니다.

다만, 법령 또는 단체협약에 의한 것이거나 재직 중 근로자가 **자유로운 의사 하에 동의**가 이루어진 것이라고 인정할 만한 합리적인 이유가 객관적으로 존재하는 때에는 공제 가능합니다.[10]

---

10) 대법원 2001다25184, 2001.10.23.

Q7. 포괄임금제 하에서 지각, 조퇴 등으로 인하여 그 시간만큼 기본급에서 공제할 때, 고정OT(시간외근로수당)도 공제할 수 있나요?

A.

<포괄임금제>란 ① 기본임금을 미리 정하지 아니한 채 법정수당까지 포함된 금액을 월 급여액이나 일당임금으로 정하거나, ② 기본임금을 미리 정하고 법정 제 수당을 구분하지 아니한 채 일정액을 법정 제수당으로 정하여 이를 근로시간수에 관계없이 지급하는 임금지급체계를 말합니다.[11]

(1) 사업장에서 실제 연장근로시간과 관계없이 고정OT가 지급되고 있다면, 지각, 조퇴 등으로 기본급을 공제하되, 고정OT는 사전에 지급하기로 정해진 금액을 지급하여야 합니다.

(2) 반면, 고정OT 설정 기준시간에 실제 연장근로시간이 미달할 경우 공제한다는 특약이 있어 사후정산을 통하여 공제하고 있다면, 지각, 조퇴 등으로 줄어든 시간외근로시간만큼은 고정OT도 공제 가능합니다.[12]

11) 대법원 2015다233579 · 233586, 2020.02.06.

12) 근로개선정책과-7771, 2013.12.13. 참조

Q8. 회사에서 임금 지급이 어려워 주식으로 지급해주겠다고 합니다. 저는 주식으로 받고 싶지 않습니다. 어떻게 해야 할까요?

A.

법 제43조에 따라 임금은 **통화**(通貨)로, 근로자에게 직접 그 전액을 매월 1회 이상 일정한 날짜를 정하여 지급하여야 합니다.[13] 임금은 **<통화불 원칙>**에 따라 한국은행법 제48조에 따른 국내에서 강제 통용력이 있는 화폐(한국은행권)로 지급되어야 합니다. 그러므로, 임금을 주식으로 지급하는 것은 법 위반입니다. 다만, 법령 또는 단체협약에 특별한 규정이 있는 경우, 임금을 통화 이외 것으로 지급할 수 있습니다.

질의에서 임금을 주식으로 지급하는 것에 대하여 단체협약에 규정이 있는 것이 아니라 회사가 임의로 주식으로 지급하고자 한다면, 이를 거부할 수 있습니다. 임금을 통화불 원칙에 따라 지급해 줄 것을 요청하고, 사용자가 이에 불응할 시 관할 노동관서에 진정을 제기하시길 바랍니다.

Q9. 노사 합의로 무급휴직을 실시하였습니다. 회사에 '휴업수당' 지급을 청구할 수 없나요?

A.

근로자의 **개별적인 동의 없이** 무급휴직을 강요하는 것은 **법 제46**

13) ① 직접불 원칙, ② 통화불 원칙, ③ 전액불 원칙, ④ 정기불 원칙. 위반 시 3년 이하의 징역 또는 3천만원 이하의 벌금에 처해질 수 있습니다(법 제109조).

조 제1항의 '**휴업**'에 해당하므로, 이 경우 근로자는 회사에 휴업수당 지급을 청구할 수 있습니다.[14] 또한, 휴업수당을 받지 못하였다면 관할 노동청에 진정을 제기할 수 있습니다. 단, 5인 미만 사업장은 휴업수당 규정이 적용되지 않습니다.

실무 Tip

- 휴업수당: 사용자의 귀책사유로 휴업하는 경우, 사용자는 휴업기간 동안 그 근로자에게 평균임금의 70% 이상 수당을 지급하여야 함(법 제46조)[15]
- 휴업수당 인정 사례 예시[16]
  - 사용자의 귀책사유에 따른 휴업(고의, 과실 외에도 사용자의 세력범위 내에서 생긴 경영상 장애까지 사용자의 귀책사유에 포함)
    다만, 천재지변 · 전쟁 등과 같은 불가항력, 그 밖에 사용자의 세력범위에 속하지 않는 기업 외적인 사정은 제외
  - 시장 불황 등으로 인한 경영상 휴업
  - 원료 부족 및 주문 감소
  - 제품 판매 부진, 자금난
  - 사용자가 자기 책임하에 개보수 공사를 함에 따라 근로자가 근로제공의사가 있음에도 근로를 제공하지 못한 경우
  - 고용조정 또는 해고회피의 방법으로 이루어진 대기발령

---

14) 근로기준정책과-3283, 2018.05.18.

15) <**휴업**>이란, 근로자의 근로제공의사에 반하여 근로제공이 불가능하거나 노무수령이 거부된 경우를 말합니다.

16) 2024 핵심만 담은 노무관리 가이드 북, 고용노동부 근로감독기획과, 2024.01.

- 화재, 수재가 사용자의 시설관리 소홀 등 사용자의 책임으로 발생한 경우 등

- 1일 8시간 근무자 경우, 주문량 등이 적어(사용자 귀책사유) 2시간 일찍 퇴근시킬 경우, 이 2시간도 휴업에 해당. 다만, 연장근로시간을 줄이는 경우는 휴업으로 보기 어려움
- 자발적 의사에 따라 개별적으로 무급휴직 신청 또는 무급휴직 동의서를 작성한 경우, 근로자의 근로제공의사에 반하여 근로제공이 거부되는 휴업과는 다르므로 휴업수당 청구가 어렵습니다.

Q10. 회사 경영 사정이 나아질 때까지 임금의 '반납'이 가능한가요?

A.

네, 적법한 절차에 따라 임금 반납의 유효성이 인정될 수 있습니다.

<임금의 반납>이란, 기왕의 근로에 대하여 **발생한 임금 또는 향후** 근로에 대해 발생할 임금의 일부에 대한 **청구권을 포기**하기로 약정하고 회사에 **반납**하는 것을 말합니다(근로기준과-797, 2009.03.26.).

서울지방법원 판결에 따르면,[17] 회사의 경영난으로 한시적으로 경영의 정상화를 위해 자진 반납의 형식으로 임금채권 중 일부를 포기하는 것의 유효성을 인정한 바 있습니다. 또한, 임금의 반납이

17) 서울지법 2002나20291, 2003.04.16.

적법하게 유효성을 인정받기 위해서는 **반드시 개별 근로자의 자유의사에 기초한 동의**가 필요합니다.[18] 즉, 근로자대표의 합의로 이루어진 임금의 반납은 무효입니다.

한편, 단체협약 · 취업규칙 · 근로계약서에 의해서 지급되고 있는 수당 등을 변경(삭감)하고자 한다면, 각각 근거 규정에 따라 적법한 절차를 거쳐야 유효성이 인정될 수 있습니다. ① 단체협약은 변경에 따른 갱신이 진행되어야 하며, ② 취업규칙 경우, 불이익 변경이라면 법 제94조 제1항의 절차를 준수하여야 합니다. ③ 근로계약서의 변경이라면, 개별 근로자와 근로계약서를 다시 작성하여야 합니다.

Q11. '네트제(net) 계약'에 따라 사용자가 부담하기로 한 4대보험 근로자부담금이나 근로소득세 등을 임금으로 볼 수 있나요(근로기준정책과-, 2023.12.29. 참조)?

A.

<네트제 계약>은 제세공과금 등을 제외한 **세후 임금**(실수령액)**을 보장**해주는 임금제입니다.

최근 판례에 따르면,[19] 사용자는 근로자의 실수령액에 대한 근로소득세 등을 대납하기로 하였으므로 그 명칭 여하를 불문하고 사용자가 대납하기로 한 근로소득세 등 상당액은 평균임금 산정의

18) 대법원 99다67536, 2000.09.29. 참조

19) 대법원 2016다200200, 2021.06.24.

기초가 되는 임금총액에 포함된다고 판단하였습니다. 이는 대법원이 평균임금을 산정의 기초가 되는 임금총액에는 사용자가 근로의 대상으로 근로자에게 지급하는 일체의 금품으로서, 근로자에게 계속적 · 정기적으로 지급되고 그 지급에 관하여 사용자에게 지급의무가 지워져 있으면 그 명칭 여하를 불문하고 임금에 포함된다고 보고 있기 때문입니다.

따라서, 네트제 계약을 체결한 경우, 사용자가 대납하기로 한 4대보험 근로자부담금이나 근로소득세 등은 임금으로 보는 것이 타당합니다.

실무 Tip

- 네트제 계약 때, 연말정산환급금에 대한 귀속 주체에 대한 분쟁이 발생할 수 있으니 근로계약서에 귀속 주체를 명확하게 명시하는 것이 바람직합니다.
- (참고) 네트제 하에서 연말정산환급금의 법 제36조 기타금품 해당 여부

〈발췌〉 **근로기준정책과-1340, 2015.04.06.**

근로자와 사용자간에 근로계약을 체결함에 있어 일정금액으로 근로계약을 명백히 체결하고 근로자에게 납부 의무가 부여된 사회보험료 및 각종세금 등을 사용자가 부담하기로 하는 소위 **네트(net) 계약**을 체결한 경우라면, 동 금품은 그 액수와 관계없이 그 전액을 사용자가 부담하기로 한 점, 추징금이 발생한 경우 이는 사용자의 회계처리상 과소 납부로 인한 것이므로 사용자가 부담하여야 하는 것으로 보이는

점 등을 살펴보면 **환급금 또한 사용자의 회계처리상 과다 납부로 인해 발생한 것이므로 법 제36조에 따른 기타금품에 해당한다고 보기 어려울 것**임.

• (참고) 네트제 연말정산 환급금 귀속 주체 관련

〈발췌〉 **근로기준정책과-2688, 2017.04.20.**

일정금액을 임금으로 지급받되 근로자가 납부해야 하는 사회보험료 및 각종 세금등을 사용자가 부담하기로 하는 소위 네트(net) 계약을 체결한 경우 연말정산 환급금은 근로자에게 귀속된다고 보기는 어려움

Q12. 최저임금 기준으로 월급을 받는 근로자입니다. 징계로 감봉(감급)이 결정되어 최저임금보다 적은 임금을 받고 있는데요. 최저임금 위반으로 신고할 수 있나요?

A.

아니요. 고용노동부 최저임금제도 업무처리지침에 따르면, 최저임금 미달 여부를 판단 시 **공제 전의 임금을 기준**으로 합니다.

〈발췌〉 **최저임금제도 업무처리지침, 고용노동부, 2023. 02.**

법령, 단체협약 등에서 일정한 금액을 임금에서 공제하기로 한 때에는 공제 전의 임금을 기준으로 비교함

즉, 취업규칙 등에 따른 징계로 감봉(감급)을 받은 경우 감급되기 전에 최저임금 이상을 받고 있었다면 최저임금 위반이 아니므로 신고할 수 없습니다.

다만, 5인 이상 사업(장)으로 법 제23조 제1항에 따라 징계(감봉·감급)의 정당성을 판단 받고자 한다면 노동위원회에 권리구제를 신청할 수 있습니다.

Q13. 최저임금에 미달하는 임금을 지급한다는 근로계약서를 썼습니다. 효력이 있나요? ★

A.

법 제15조 및 최저임금법 제6조 제3항에 따라 사용자와 근로자 사이에 최저임금에 미달하는 임금을 지급하기로 근로계약을 체결하였더라도 효력이 없습니다. 따라서, 최저임금에 미달하는 임금을 청구하실 수 있습니다.

「최저임금법」

제6조(최저임금의 효력) ① 사용자는 최저임금의 적용을 받는 근로자에게 최저임금액 이상의 임금을 지급하여야 한다.

> ② 사용자는 이 법에 따른 최저임금을 이유로 종전의 임금수준을 낮추어서는 아니 된다.
> ③ 최저임금의 적용을 받는 근로자와 사용자 사이의 근로계약 중 최저임금액에 미치지 못하는 금액을 임금으로 정한 부분은 무효로 하며, 이 경우 무효로 된 부분은 이 법으로 정한 최저임금액과 동일한 임금을 지급하기로 한 것으로 본다.

Q14. 중도 입사(퇴사)자 월급의 일할계산방법 알려주세요.

A.

법에서 중도 입사(퇴사)자 월급의 일할계산방법이 규정된 내용은 없습니다. 따라서, 회사는 취업규칙 등을 통하여 일할계산방법을 정하여 운영할 수 있습니다.[20]

실무에서 통상적으로 중도 입·퇴사 해당 월의 달력일수로 월급액을 나누어 근로일수를 곱하여 산정합니다. 예를 들어, '24년 2월 15일까지 일한 중도 퇴사자, 월급여액 210만원인 경우, 2월 임금 일할계산 시 '210만원 ÷ 29일 × 15일'로 계산합니다. 또한, 위의 산정방법의 근로일수에서 무급휴일은 제외하고, 유급휴일(예. 주휴일, 근로자의 날 등)은 근로일수에 포함시키는 것도 가능합니다.

20) 근로개선정책과-2118, 2011.07.11.

실무 Tip

- 5인 이상 사업장, '24년 5월 1일~5월 7일까지 근무 시 일할계산 방법

5/1 (수)	5/2 (목)	5/3 (금)	5/4 (토)	5/5 (일)	5/6 (월)	5/7 (화)
근로자의 날 (근무x)	근무●	근무●	무급휴일 (근무x)	주휴일 (근무x)	대체공휴일 (근무x)	근무●

- 근무일수로 계산하는 경우: 210만원 ÷ 31일 × 7일
- 무급휴일 제외하는 경우(유급휴일 포함): 210만원 ÷ 31일 × 6일

➜ 실무에서 실근로일수로만 일할계산을 하여 임금체불되는 경우가 있으니 유의하시길 바랍니다(예. 210만원 ÷ 31일 × 3일).

Q15. 월급제 근로자의 중도 입 · 퇴사에 따라 일할계산을 하였을 때, 최저임금에 미달합니다. 이때도 최저임금 이상 지급하여야 하나요?[21]

A.

고용노동부 2024. 03. 최저임금제도 업무처리지침에 따르면, 일할계산 경우에도 **시간급으로 환산하였을 때 법정최저임금 이상**을 지급하여야 합니다.

21) 근로기준정책과-3821, 2021.11.25. 참조

〈발췌〉 고용노동부 2024. 03. 최저임금제도 업무처리지침

- 월급제 근로자의 중도 입퇴사 경우
  - 실 근로일수 만큼 **일할 계산하더라도 시간급으로 비교시 법정최저임금 이상을 지급**하여야 함
  - 1일 8시간, 1주 40시간 근무, 1일의 주휴일 부여, 토요일 휴무
  - 임금: 월 2,060,740원, 2024.1.2.(화)~1.11.(목)까지 근무

① 일할 계산 임금: 2,060,740 × 10일/31일 = 664,755원
② 시간급으로 환산: 664,755원 ÷ {8시간 × 8일 + 8시간(주휴시간)} = 9,233원
③ 고시된 최저임금과의 비교: 9,233원 < 9,860원(2024년 최저임금)
➜ 최저임금법 위반

Q16. 임금산정기간은 매월 1일에서 말일, 임금지급일은 익월 25일입니다. 퇴사일은 11월 말일인데요. 임금을 받으려면 12월 25일까지 기다려야 하나요?

A.

아닙니다. 회사의 임금지급일과 상관없이 법 제36조에 따라 **퇴사일부터 14일 이내** 임금이 지급되어야 합니다. 다만, 근로자와 사용자 사이에 **합의**로 지급기일을 **연장**할 수 있습니다.

Q17. 4대보험 사용자부담금까지 공제하여 급여를 받은 경우, 구제방안이 궁금합니다.

A.

4대보험 사용자부담금까지 공제하여 임금을 지급하였다면, 관할 노동관서에서 진정을 제기하실 수 있습니다.

Q18. 연말정산환급금을 회사로부터 받지 못한 경우 어떻게 해야 하나요?

A.

고용노동부는 연말정산환급금을 임금이 아닌 법 제36조의 기타금품으로 보고 있습니다.[22] 따라서 법 제36조(금품청산)를 근거로 관할 노동관서에 진정을 제기하여 권리구제를 받으시길 바랍니다.

Q19. 해외근무수당도 임금인가요?

A.

임금은 근로의 대가이므로, 일시적인 해외근무라는 특수한 근무조건이나 환경으로 인하여 지급되는 실비변상적 또는 복리후생적인 금품일 경우라면, 임금으로 볼 수 없습니다.[23]

22) 근로기준과-4450, 2005.08.26.

23) 임금근로시간정책팀-1498, 2006.06.26., 대법원 90다카4683, 1990.11.09.

Q20. '법 제44조 도급사업에 대한 임금 지급'과 '제44조의2 건설업에서의 임금 지급 연대책임' 규정의 차이점이 뭔가요?

A.

건설면허 무등록자(오야지 및 팀장 등)의 임금체불 문제가 빈번하게 발생하여 건산법에서 시공참여 제도가 폐지되었고, 건설업 불법 하도급으로 인한 임금체불의 신속한 해결을 위하여 법 제44조의 2(건설업에서의 임금 지급 연대책임)가 신설되었습니다. 가장 큰 차이점은 (직상)수급인의 귀책사유를 요하는지 여부와 건설업 도급 여부입니다.

제44조	제44조의2
• 사업이 **한 차례 이상** 도급에 따라 행하여지는 경우 • 귀책사유 한정(시행령 제24조) - (공통) 정당한 사유 없이 ① 도급계약에서 정한 도급 금액 지급일에 도급 금액을 지급하지 아니한 경우, ② 도급계약에서 정한 원자재 공급을 늦게 하거나 공급을 하지 아니한 경우, ③ 도급계약의 조건을 이행하지 아니하여 하수급인이 도급사업을 정상적으로 수행하지 못한 경우	• **건설업**에서 사업이 **2차례 이상** 건설산업기본법 제2조 제11호에 따른 도급(공사도급)이 이루어진 경우 • 귀책사유 요하지 않음 • (참고) 건설업 2차례 이상 도급 발주자 →(1차) 원수급인(종합건설) →(2차) 직상수급인(전문건설) →(3차) 오야지

실무 Tip

- 근로감독관 집무규정 제37조의2(사건유형별 조사원칙)에 따르면, 신고사건 처리 과정 중 불법 하도급 사실을 확인한 경우에는 위반 사실을 해당 건설회사의 건설업등록 행정기관에 통보하도록 되어 있습니다.
- 건산법 제9조 제1항 단서의 경미한 건설공사에 해당하여 수급인과 하수급인이 모두 건설업자가 아닌 경우 법 제44조의2 제1항의 건설업에서의 임금 지급 연대책임이 적용되지 않음을 참고해주세요.[24)]

24) 법제처 17-0663, 2018.01.22. 참조

CHAPTER 02

평균임금

Q1. ① '평균임금'은 무엇인가요?, ② 평균임금은 언제 필요한가요?, ③ 상여금도 평균임금에 포함되나요? ★

A.

① **<평균임금>**이란 이를 산정하여야 할 사유가 발생한 날 이전 3개월 동안에 그 근로자에게 지급된 **임금의 총액**을 그 기간의 총일수로 나눈 금액을 말합니다(법 제2조 제1항 제6호). 여기서 **<임금>**이란 법 제2조 제1항 제5호의 임금으로, 사용자가 근로의 대가로 근로자에게 임금, 봉급, 그 밖에 어떠한 명칭으로든지 지급하는 모든 금품을 말합니다.

$$\text{평균임금} = \frac{\text{사유가 발생한 날 이전 3개월 동안의 임금 총액}}{\text{사유가 발생한 날 이전 3개월 동안의 월력상 총일수(89~92일)}}$$

② 평균임금의 취지는 근로자의 통상적인 생활을 종전과 같이 보장하려는 데 있습니다. 평균임금 산정 대상으로 퇴직금, 휴업수당, 연차휴가수당, 재해보상금, 감급액, 실업급여 등이 있습니다.

③ 상여금이 평균임금에 포함되는지 판단하기 위해서는 **임금성 판단이 선행**되어야 합니다.[1)]

---

1) PART 02. 임금 및 퇴직금, CHAPTER 01. 임금, Q1. 참고해주세요.

임금성 판단 기준에 따라 상여금이 임금의 성격을 가질 경우, 평균임금 산정 사유가 발생한 날 이전 3개월 동안 지급되었는지와 관계없이 사유 발생일 전 12개월 중에 지급된 전액 중 3개월분을 평균임금 산정범위에 산입하면 됩니다(상여금 총액 × 3/12).

Q2. 평균임금 산정기간은 어떻게 되나요?

A.

평균임금은 이를 **산정하여야 할 사유가 발생한 날 이전 3개월 동안** 그 근로자에게 **지급된 임금의 총액을 그 기간의 총일수로 나눈 것**입니다.

여기서 3개월의 기간은 월력상 기간으로, 민법상 초입불산입 원칙이 적용됩니다. 예를 들어, 퇴직일이 4월 20일이라면, 마지막 근로일인 4월 19일부터 3개월을 역산하면 1월 20일이 평균임금을 산정하여야 할 기산점이 됩니다.

Q3. ① 평균임금 산정 시 연차미사용수당도 포함되나요?, ② (포함된다면) 퇴직년도에 발생한 연차기준으로 산정하면 되나요? ★

A.

① 네. 연차미사용수당도 근로자에게 지급된 임금의 총액에 **포함**됩니다.

② 아닙니다. 고용노동부에 따르면,[2] **퇴직 전전년도 출근율에 의해** 발생한 **퇴직 전년도에 발생한 연차유급휴가** 중 미사용 일수에 대하여 지급받은 연차미사용수당액의 **3/12**을 평균임금 산정 시 포함하면 됩니다. 즉, 퇴직 전년도 출근율에 의해 발생한 연차를 사용하지 못하여 퇴직함으로써 비로소 수당으로 받는 연차미사용수당은 포함되지 않습니다.[3]

Q4. 입사일: '19.05.06., 퇴직일: '22.03.20. (소정근로일 개근, 사용한 연차 없음, 포괄임금제 아님)[4]

퇴사 후, 연차미사용수당과 퇴직금을 받지 못하여 지급을 기다리다가 '24.06.03. 회사에 지급을 청구하였습니다. 회사는 현재 시점 기준으로 퇴직금 계산을 위한 평금임금 산정 시 들어가는 연차미사용수당의 청구권의 소멸시효가 지났기 때문에, 평금임금에 연차미사용수당은 반영이 되지 않는다고 합니다. 맞는 말인가요?

A.

사업장의 말 중 일부는 맞고, 일부는 맞지 않습니다.

먼저, 질의에서 퇴직금 계산을 위한 평균임금 산정 시 포함되는

2) 임금근로시간과-2861, 2021.12.15.

3) 반면, DC형(퇴직연금)에서는 퇴직으로 인하여 비로소 발생하는 연차미사용수당(당해 발생한 연차유급 휴가 중 미사용분)은 부담금 산정 시 포함됩니다.

4) 퇴직일: 마지막 근로일의 다음날 (마지막 근로일 + 1)

연차미사용수당은 '19.05.06.~'20.05.05. 동안의 출근율을 충족하여 '20.05.06.에 발생하는 15개 연차 중 사용기한 동안 사용하지 못한 잔여 개수에 대한 연차미사용수당 3/12에 해당하는 금액입니다.

연차미사용수당의 소멸시효는 연차휴가권이 발생하고 법 제60조 제7항의 사용기한 내에 사용하지 못할 경우, 연차휴가권은 소멸하고 미사용연차수당청구권이 발생하면서 소멸시효가 진행됩니다. 그러므로, 임금 청구 시점 '24.06.03. 기준으로 '20.05.06.에 발생한 연차 15개에 대한 미사용수당의 소멸시효가 지난 것은 맞습니다.

하지만, 평균임금을 산정하여야 할 시점은 법 제2조 제1항 제6호에 따라, 산정할 사유가 발생한 **'퇴직일'**이지 임금청구일이 아닙니다. 또한, 평균임금의 '지급된 임금'에는 근로자가 실제로 지급받은 임금뿐 아니라 당연히 지급되어야 할 임금 중 지급받지 못한 임금도 포함됩니다(근로기준정책과-3585, 2021.11.05.). 회사의 논리대로라면, 퇴직금을 청구한 시점에 따라, 퇴직금 산정을 위한 평균임금이 달라진다는 것인데 이는 타당하지 않습니다.

Q5. '23.01.01.~'23.12.31. 만 1년을 근무하고 퇴사한 경우, 1년 미만 차에 1개월 개근 시 부여되는 1일 연차(법 제60조 제2항)에 대한 미사용수당도 퇴직금 산정을 위한 평균임금에 포함되나요?

A.

1년 미만 차에 발생하는 법 제60조 제2항에 따른 연차 11개의 사용기간은 최초 입사일부터 1년의 근로가 끝날 때까지입니다. 질의의 경우, 퇴직으로 비로소 연차미사용수당이 발생하기 때문에, 연차 11개에 대한 미사용수당은 퇴직금 산정을 위한 평균임금에 포함되지 않습니다.

Q6. 회계연도 기준으로 연차를 부여할 때도 평균임금 산정 시 반영하는 연차미사용수당을 입사일 기준으로 해야 하나요?

A.

아닙니다. 회계연도 기준으로 하시면 됩니다. 회계연도 기준 시에도 퇴직시점 이미 발생한 연차휴가미사용수당은 평균임금 산정범위에 포함되지만, 퇴직 시 비로소 발생하는 연차미사용수당은 포함되지 않습니다.

한편, 회계연도로 연차를 부여하고 있어 퇴직 시 근로자에게 불이익이 없도록 입사일 기준으로 재정산함으로써 발생하는 연차수당은 퇴직 시 비로소 발생하는 연차미사용수당입니다.

Q7. '23년 10월부터 '24년 2월까지 회사가 계속 휴업하였습니다. ① '24년 휴업수당 산정을 위한 평균임금을 구할 때 어떻게 해야 하나요?, ② 휴업기간 중 최저임금이 올라 휴업수당 기준금액인 평균임금이 최저임금에 미달할 때 법 위반인가요?

A.

질의에서 크게 다음과 같이 쟁점을 도출할 수 있습니다. ① **평균**

임금 계산에서 제외되는 기간이 3개월 이상인 경우 평균임금 산정방법과 ② 휴업기간 중간에 최저임금이 인상되어[5] **평균임금이 최저임금에 미달할 때 최저임금 위반 여부**가 문제가 됩니다.

① 시행령 제2조에 따르면, 법 제46조에 따른 사용자의 귀책사유로 휴업한 경우에는 평균임금 산정기준이 되는 기간과 임금의 총액에서 각각 빼도록 규정하고 있습니다. 따라서 제외되는 기간이 3개월이면 평균임금을 계산할 수 없게 되어 문제가 됩니다. 「**평균임금산정 특례 고시**」에 의하면,[6] 평균임금의 계산에서 제외되는 기간이 3개월 이상인 경우 **제외되는 기간의 최초일을 평균임금의 산정사유가 발생한 날**로 보아 평균임금을 산정합니다.

② 법정 최저임금 기준으로 임금을 받는 근로자의 경우, 휴업기간 중간에 최저임금이 올라 평균임금이 최저임금에 미달하는 경우가 생길 수 있습니다.

고용노동부에 따르면(근로기준정책과-3173, 2019.06.03.), 통상임금과 최저임금은 그 기능과 산정방법이 다른 별개의 개념이라고 본 대법원 판례의 법리에 비추어 평균임금과 최저임금도 같은 논리로 보고 있습니다. 즉, 휴업수당의 기준이 되는 평균임금이 최저임금에 미달하더라도 법정 최저임금액을 기초로 지급할 필요가 없습니다. 따라서 최저임금 위반으로 보기 어렵습니다.

5) '23년 최저임금 9,620원 → '24년 최저임금 9,860원 → '25년 최저임금 10,030원(시급)

6) 고용노동부고시 제2015-77호, 2015.10.14.

Q8. 개인 질병으로 3개월 병가를 승인받았습니다. 병가기간이 끝났지만 복직할 수 있는 건강 상태가 아니어서 퇴사하였습니다. 회사에서는 병가기간 동안 지급된 임금이 없어 퇴직금 산정금액이 0원이라고 합니다. 확인 부탁드립니다. ★

A.

개인 질병 사유로 회사 승인을 받았으므로, **시행령 제2조 제1항 제8호**에 해당한다고 보아야 합니다. 제외 사유에 해당할 경우, 휴업한 기간과 그 기간에 지급된 임금은 평균임금 산정기준이 되는 기간과 임금의 총액에서 각각 빼도록 규정하고 있습니다. 또한, 제외 사유 기간이 평균임금 산정기간 모두를 차지하고 있는 경우, **제외되는 기간의 최초일을 평균임금의 산정사유가 발생한 날**로 보아 이전 3개월 동안의 평균임금을 산정합니다. 따라서, 회사에서 3개월 병가기간 동안 지급된 임금이 없어 퇴직금 산정금액이 0원이라는 것은 타당하지 않습니다.

「근로기준법 시행령」

제2조(평균임금의 계산에서 제외되는 기간과 임금) ① 「근로기준법」(이하 "법"이라 한다) 제2조제1항제6호에 따른 평균임금 산정기간 중에 **다음 각 호의 어느 하나에 해당하는 기간이 있는 경우**에는 그 기간과 그 기간 중에 지급된 임금은 **평균임금 산정기준이 되는 기간과 임금의 총액에서 각각 뺀다.**

1. 근로계약을 체결하고 수습 중에 있는 근로자가 수습을 시작한 날부터 3개월 이내의 기간
2. 법 제46조에 따른 사용자의 귀책사유로 휴업한 기간

3. 법 제74조제1항부터 제3항까지의 규정에 따른 출산전후휴가 및 유산·사산 휴가 기간
4. 법 제78조에 따라 업무상 부상 또는 질병으로 요양하기 위하여 휴업한 기간
5. 「남녀고용평등과 일·가정 양립 지원에 관한 법률」 제19조에 따른 육아휴직 기간
6. 「노동조합 및 노동관계조정법」 제2조제6호에 따른 쟁의행위기간
7. 「병역법」, 「예비군법」 또는 「민방위기본법」에 따른 의무를 이행하기 위하여 휴직하거나 근로하지 못한 기간. 다만, 그 기간 중 임금을 지급받은 경우에는 그러하지 아니하다.
8. 업무 외 부상이나 질병, 그 밖의 사유로 사용자의 승인을 받아 휴업한 기간

② 법 제2조제1항제6호에 따른 임금의 총액을 계산할 때에는 임시로 지급된 임금 및 수당과 통화 외의 것으로 지급된 임금을 포함하지 아니한다. 다만, 고용노동부장관이 정하는 것은 그러하지 아니하다.

실무 Tip

심화 질의

- 산재요양기간 종료 후, 바로 병가휴직(무급)에 들어감. 휴직 중 사직서를 제출하여 요양기간 종료 후 퇴사 전까지 회사에서 받은 임금이 없음. 이런 경우 평균임금의 산정방법은?
  - 시행령 제2조 제1항에서 '법 제78조에 따라 업무상 부상 또는 질병으로 요양하기 위하여 휴업한 기간'은 평균임금 산정 시 그 기간과 그 기간 중 지급된 임금을 각각 빼도록 규정하고 있음

- 본 질의와 같이 평균임금 계산에서 제외되는 기간이 3개월 이상이 되어 평균임금을 계산할 수 없는 경우, 시행령 제4조 및 평균임금 산정 특례 고시 제1조에 의거하여 **제외되는 기간의 최초일**을 평균임금의 산정사유가 발생한 날로 보아 평균임금을 산정하여야 함. 즉, 산재가 발생한 날 이전 3개월 동안에 그 근로자에게 지급된 임금총액을 그 기간의 총일수로 나누어 평균임금을 계산
- 한편, 시행령 제5조 제4항에 따르면, 업무상 부상이나 질병에 걸린 근로자에게 지급할 퇴직금 산정 시 조정된 평균임금으로 하도록 정하고 있음

Q9. 1년의 육아휴직 종료 후, ① 바로 퇴사하는 경우와 ② 복직하여 하루를 일할 경우 평균임금이 달라질 수 있나요?

A.

육아휴직 기간은 평균임금 산정 시 그 기간과 그 기간 중에 지급된 임금은 각각 제외되므로(시행령 제2조 제1항 제5호), ① 육아휴직 종료 후 바로 퇴사하는 경우에는 '육아휴직 시작일'을 평균임금 산정사유가 발생한 날로 보아 평균임금을 산정합니다.[7] ② 또한, 복직하여 하루를 근무하고 퇴사할 경우, 평균임금 산정 시 제외되는 기간과 그 기간 임금을 제외한 복직 후 일한 1일과 그날의 임금총액을 기준으로 평균임금을 산정합니다. 그러므로 경우에 따라 평균임금이 달라질 수도 있습니다.

7) 평균임금산정 특례 고시, 고용노동부 고시, 제2015-77호, 2015.10.14.

CHAPTER 03

통상임금

Q1. '통상임금'은 무엇인가요? ★

A.

[변경 전: '13년 전원합의체 판결 기준]

<통상임금>이란 "근로자에게 정기적이고 일률적으로 소정(所定) 근로 또는 총 근로에 대하여 지급하기로 정한 시간급 금액, 일급 금액, 주급 금액, 월급금액 또는 도급 금액"을 말합니다(시행령 제6조 제1항).

판례에 따르면,[1] 통상임금에 포함되기 위해서는 아래의 조건을 충족하여야 합니다.

1. 소정근로의 대가

   소정근로시간(법 제50조, 제69조, 산업안전보건법 제46조에 따른 법정근로시간의 범위 안에서 사용자와 근로자 사이에 정한 근로시간)에 통상적으로 제공하기로 정한 근로의 가치를 말합니다.

2. 정기성 · 일률성 · 고정성

   ① **<정기성>**이란 임금이 일정한 간격을 두고 계속적으로 지급되는 것을 의미합니다. ② **<일률성>**이란 모든 근로자에게 지급

1) 대법원 2012다89399, 2013.12.18.

되는 것뿐만 아니라 일정한 조건 또는 기준에 달한 모든 근로자에게 지급되는 것을 말합니다. 여기서 조건 또는 기준은 소정근로의 가치평가와 관련되어야 합니다. ③ **<고정성>**이란 지급 여부와 지급액이 사전에 확정된 것이라고 볼 수 있습니다. 즉, 근로자가 제공한 근로에 대하여 그 업적, 성과 기타의 추가적인 조건과 관계없이 당연히 지급될 것이 확정되어 있는 것입니다.

또한, 정기성, 일률성, 고정성이 인정되더라도 소정근로의 대가가 아니라면, 통상임금에 해당하지 않습니다.

[변경 후: '24.12.19. 전원합의체 판결 이후]

대법원은 전원합의체 판결을 통해 법령에 명시되어 있지 않은 고정성 개념을 제외한 통상임금의 판단기준을 재정립하였으며, 파급효과를 고려하여 이 판결 선고일 이후의 통상임금 산정부터 적용하도록 하고 있습니다(장래효).[2]

통상임금의 개념 재정립에 따른 가장 큰 변화는 기존의 재직자 기준(고정성)이 더 이상 통상임금을 부정하는 사유가 되지 않는다는 점입니다.[3]

2) 당해 사건 및 이미 법원에 계류중인 병행사건까지만 소급효를 인정합니다.

3) 예를 들어, 근무일수나 재직자 기준과 같이 부가된 조건을 충족하지 못하여 해당 임금을 지급받지 못하더라도, 그 임금이 통상임금 대상이라면 통상임금에 포함되어 법정수당 산정의 기초가 됩니다.

<table>
<tr><th colspan="3">통상임금 의의</th></tr>
<tr><td>소정근로의 대가로 지급되는 금품으로서 정기적·일률적·고정적으로 지급된 것인지를 기준으로 객관적인 성질에 따라 판단</td><td rowspan="1">▶</td><td>[판례 변경]
소정근로의 대가로서 정기적·일률적으로 지급하기로 정한 임금</td></tr>
<tr><th colspan="3">판단기준</th></tr>
<tr><td>1. 소정근로의 대가</td><td rowspan="2">▶</td><td>1. 소정근로의 대가</td></tr>
<tr><td>2. 정기성·일률성·고정성</td><td>2. 정기성·일률성</td></tr>
</table>

1. 소정근로의 대가

소정근로시간에 통상적으로 제공하기로 정한 근로에 대해 지급하기로 정한 금품이라는 이전 판례 입장을 유지하면서도, 실근로나 실제 수령한 임금과 무관하게 **'근로자가 미리 정해진 소정근로를 온전하게 제공할 것'**이라는 전제에서 판단합니다.

2. 정기성·일률성

종전 판례의 입장을 유지하므로 위의 '13년 전원합의체 판단기준을 참고 바랍니다. 덧붙여, ① '정기성'은 1개월을 초과하는 기간마다 지급되더라도 일정한 간격을 두고 계속적으로 지급되는 것이라면 정기성 요건을 충족합니다. ② '일률성'의 일정한 조건 또는 기준은 업무 내용이나 기술, 경력 등과 같이 소정근로의 가치 평가와 관련된 조건이어야 하며 근속기간도 이에 포함됩니다.

3. 소정근로의 대가와 정기성·일률성 관계

정기성과 일률성은 그 임금이 소정근로의 대가인 임금임을 뒷받침하는 개념적 징표로, 근로자가 소정근로를 온전하게 제공하면 그 대가로서 정기적·일률적으로 지급하도록 정해진 임금은 그에 부가된 조건의 존부나 성취 가능성과 관계없이 통상임금에 해당합니다.

실무 Tip

- 통상임금에 포함되기 위해서는 **대전제로 '임금성이 충족'**되어야 합니다.

금품 등	임금성 판단 기준 부합?[4] ☞ Yes	➜	임금	평균임금[5] 또는 통상임금[6] 판단 기준 부합? ☞ Yes	➜	평균 임금 / 통상 임금

심화 질의

- 변경된 판례에 따라 '재직자 기준'이라는 '고정성'이 통상임금

4) PART 02. 임금 및 퇴직금, CHAPTER 01. 임금, Q1. 참조

5) PART 02. 임금 및 퇴직금, CHAPTER 02. 평균임금, Q1. 참조

6) PART 02. 임금 및 퇴직금, CHAPTER 03. 통상임금, Q1. 참조

판단기준에서 제외되었는데요. 그러면 재직자 기준이라는 조건 자체가 무효인가요?

- 대법원(2020다247190)에 따르면, 사용자와 근로자는 임금에 관한 조건도 자유롭게 부가할 수 있으며, 조건의 효력 문제와 그 조건이 부가된 임금 항목의 통상임금성 문제는 구별하여야 한다고 명시하고 있습니다. 따라서 강행규정 위반이나 탈법행위 등에 해당하지 않는 한 '재직자 기준'이라는 조건 자체가 무효가 되는 것은 아닙니다.

• 재직자 기준으로 지급하는 정기상여금은 통상임금인가요? ★

- 통상임금은 실근로와 무관하게 소정근로 그 자체의 가치를 온전하게 반영하여야 하므로, 실제로 조건을 충족하여 그 임금을 지급받을 가능성은 통상임금에서 고려할 필요가 없습니다. 따라서 소정근로대가로 정기적·일률적으로 지급된다면 재직자 기준으로 지급하는 정기상여금도 통상임금에 포함됩니다.
- (예시) 반기마다 200만원씩 정기상여금을 임금지급일에 재직 중인 근로자에게만 지급할 경우, 연 2회의 정기상여금 총 400만원을 시간급으로 환산하여 반영합니다.

월~금, 주5일제, 토요일 무급휴무, 주휴일 일요일 경우 4,000,000원 ÷ 2,502.7시간[7] = 1,598.27원

7) 연간 총 근로시간 환산방법 : (40시간+8시간) × 약 52.14주(365일/7일) = 2,502.7시간

- 소정근로의 대가로 볼 수 없는 임금은 어떤 것들이 있나요?

- ① 근로자가 소정근로시간을 초과하여 근로를 제공하여 지급받는 임금, ② 근로계약에서 제공하기로 정한 근로 외의 근로를 특별히 제공함으로써 사용자로부터 추가로 지급받는 임금, ③ 소정근로의 제공과 관계없이 일시적이거나 변동적으로 지급되는 금품, ④ 통상임금을 기초로 산정되는 주휴수당 등과 같이 개념적으로 통상임금이 될 수 없는 법정수당이 있습니다.[8)]

- 판례 변경 후, '재직자 기준' 정기상여금 등 관련 취업규칙 변경 추이

통상임금 판단기준이 변경된 이후, 실무에서 취업규칙 변경 추이를 살펴보면 크게 세 가지 유형으로 나타나고 있습니다.

i. **현안 유지** : 재직자 기준 자체의 효력은 부정되지 않으므로, 통상임금에 포함은 하되 재직자 기준은 그대로 두는 경우

ii. **정기상여금을 기본급에 산입** : 재직자 기준 성과급을 기본급(12개월)에 분할하여 성과급을 기본급에 반영하는 경우 또는 재직자 기준을 삭제하고 일시 또는 점진적으로 기본급에 통합하여 임금체계를 개편하는 경우

iii. **인사평가를 통한 변동급 등 도입** : 재직자 기준 상여금 등 자체를 없애고 순수 성과급(변동급)으로 전환하는 경우

실무에서는 한 기업에 한 유형으로 국한하여 취업규칙이 변경되는 것이 아니라 복합적인 양상을 보이고 있습니다. 한편,

8) (개정) 통상임금 노사지도 지침, 고용노동부, 2025.02.06.

판례 변경에 따라 통상임금 지급조건을 조정할 경우 노사간 이해와 배려 속에서 성실한 협의를 통하여 법적 절차를 준수하는 것이 바람직할 것입니다.

- 취업규칙 변경 시 실무 주의사항

  통상임금 지급조건을 근로자에게 불리하게 변경할 때는 법 제94조 제1항에 따라 취업규칙 불이익 변경 절차를 준수하여야 합니다.

> 「근로기준법」
>
> **제94조(규칙의 작성, 변경 절차)** ① 사용자는 취업규칙의 작성 또는 변경에 관하여 해당 사업 또는 사업장에 근로자의 과반수로 조직된 노동조합이 있는 경우에는 그 노동조합, 근로자의 과반수로 조직된 노동조합이 없는 경우에는 근로자의 과반수의 의견을 들어야 한다. 다만, 취업규칙을 근로자에게 불리하게 변경하는 경우에는 그 동의를 받아야 한다.
>
> ② 사용자는 제93조에 따라 취업규칙을 신고할 때에는 제1항의 의견을 적은 서면을 첨부하여야 한다.

Q2. 통상임금은 왜 필요한가요?

A.

통상임금은 ① 법 제2조 제2항에 의거하여 평균임금의 **최저한을**

보장하는 역할을 하고, ② 법 제56조에 따라 연장 · 야간 · 휴일 근로에 대한 가산임금을 산정하는 기준금액이 됩니다. 그 밖에 해고예고수당, 주휴수당, 연차미사용수당, 육아휴직급여 등을 산출하는 **도구적 개념**으로 사용됩니다. 통상임금 산입범위에 따라 가산수당 등이 달라지므로, 실무에서 통상임금 판단 여부가 쟁점이 되는 것입니다.

Q3. 월급제 근로자의 통상임금 산정방법 알려주세요.

A.

통상임금은 시간급으로 산정하는 것이 원칙이므로, 통상임금 대상이 되는 월 금액을 **'통상임금 산정기준시간수'**로 나누어 시간급으로 환산하면 됩니다. 월급제 근로자의 경우 통상임금 산정방법은 아래와 같습니다.[9)]

※ 월급과 통상임금이 동일함을 전제

통상임금(시간급) = 월급 금액 ÷ (1주 소정근로시간 + 주휴일) × 4.345주[10)]

9) 1일 8시간 근무(휴게시간 1시간 제외), 월~금 근무(필요시 연장 2시간), 월급(기본급) 2,500,000원일 경우 산정방법은 다음과 같습니다. 2,500,000 ÷ {8시간 × 5일 + 8시간(주휴)} × 4.345주입니다. 사례에서 필요시 연장근로를 실시하고 있으나, 이 시간은 소정근로시간이 아니므로, 통상임금 산정기준시간수를 구할 때는 반영하지 않습니다. 참고로, **<통상임금 산정기준시간수>**란 소정근로시간에 소정근로시간 이외의 유급 처리되는 주휴일 등 시간을 합한 시간을 말합니다(시행령 제6조 참조).

실무 Tip

그 밖의 통상임금(시간급) 산정방법(시행령 제6조 제2항)

- 시급: 정한 시급 금액
- 일당: 일당 금액 ÷ 1일 소정근로시간
- 주급: 주급 금액 ÷ (1주 소정근로시간 + 유급으로 처리되는 시간 (주휴일 등))

Q4. 통상임금에서 특정 수당을 제외하기로 합의한 경우, 효력이 인정될 수 있나요?

A.

통상임금 여부는 **법적 기준에 의하여 정하여지는 것**이지 당사자의 합의로 정할 수 있는 것이 아닙니다. 대법원(2012다89399, 2013.12.18.)과 고용노동부도 같은 입장입니다(근로기준정책과-218, 2023.01.20.).

따라서, 통상임금에 해당하는 특정 수당을 통상임금에서 제외하기로 합의한다고 하여도 무효이며, 근로기준법에서 정한 기준이 적용됩니다.

Q5. 고정연장근로수당(고정OT)은 통상임금에 포함되나요?

10) 365일 ÷ 7일 ÷ 12월, 1년을 기준으로 1월의 평균 주 수를 의미합니다.

A.

고정연장근로수당은 **'소정근로의 대가'가 아니므로,** 통상임금에 포함되지 않습니다.
다만, 실제 연장근로를 전제하지 않고, 산정기준 시간 없이 단순히 고정연장근로수당이라는 명칭으로 지급된 임금이라면 통상임금에 해당할 수 있습니다.

따라서, 수당 명칭만으로 통상임금 포함 여부를 판단할 것이 아니고, 지급대상 및 방법, 실제 연장근로가 있었을 때 어떻게 지급이 되었는지, 연장근로수당 산출기준시간이 산정되어 있는지 등을 종합적으로 고려하여 판단하여야 합니다.

Q6. 인사평가를 통해 지급되는 성과급의 통상임금성이 궁금합니다.

A.

종전에는 인사평가를 통해 성과급의 지급 여부와 지급액이 정해진다면, '고정성'이 부정되어 통상임금에 포함되기 어렵다고 보았습니다. 그러나 '24.12.19. 전원합의체 판결(2020다247190) 이후, 고용노동부 (개정)통상임금 노사지도 지침에 따르면, '소정근로 대가성'을 갖추었다고 보기 어려워 통상임금에 포함되지 않습니다.

다만, 최하등급을 받더라도 지급되는 최소한도의 성과급이 있다면 종전 법리와 동일하게 그 금액은 통상임금에 해당합니다.

〈발췌〉 (개정)통상임금 노사지도 지침, 고용노동부, '25.02.06

임금 명목	임금의 특징	통상임금 해당여부	
		'13년	'24년
기술수당	기술이나 자격보유자에게 지급되는 수당 (자격수당, 면허수당 등)	통상임금 ○	통상임금 ○
근속수당	근속기간에 따라 지급여부나 지급액이 달라지는 임금	통상임금 ○	통상임금 ○
가족수당	부양가족 수에 따라 달라지는 가족수당	통상임금 × (근로와 무관한 조건)	통상임금 × (근로와 무관한 조건)
	부양가족 수와 관계없이 모든 근로자에게 지급되는 가족수당 분	통상임금 ○ (명목만 가족수당, 일률성 인정)	통상임금 ○ (명목만 가족수당, 일률성 인정)
성과급	근무실적을 평가하여 지급여부나 지급액이 결정되는 임금	통상임금 × (조건에 좌우됨, 고정성 인정 ×)	통상임금 × ('소정근로 대가성'을 갖추었다고 보기 어려움)
	최소한도가 보장되는 성과급	그 최소한도 만큼만 통상임금 ○ (그 만큼은 일	최소한도의 일정액은 통상임금 ○ (근무실적과 무관

		률적, 고정적 지급)	하게 최소한도의 일정액을 지급하기로 정한 경우 그 금액은 소정근로의 대가에 해당)
상여금	정기적인 지급이 확정되어 있는 상여금(정기상여금)	통상임금 ○	통상임금 ○
	기업실적에 따라 일시적, 부정기적, 사용자 재량에 따른 상여금(경영성과분배금, 격려금, 인센티브)	통상임금 × (사전 미확정, 고정성 인정 ×)	통상임금 × ('소정근로 대가성'을 갖추었다고 보기 어려움)
특정시점 재직 시에만 지급되는 금품	특정시점에 재직 중인 근로자만 지급받는 금품(명절귀향비나 휴가비의 경우 그러한 경우가 많음)	통상임금 × (근로의 대가 ×, 고정성 ×)	통상임금 ○ (명절귀향비, 휴가비도 소정근로의 대가성이 인정되고 정기성, 일률성을 갖춘 경우 통상임금 ○)
	특정시점이 되기 전 퇴직 시에는 근무일수에 비례하여 지급되는 금품	통상임금 ○ (근무일수 비례하여 지급되는 한도에서는 고정성 ○)	통상임금 ○

Q7. 월 15일 이상 근무하면 주는 만근수당은 통상임금에 포함되나요?

A.

최신판례(2020다247190)에 따르면, 통상임금은 소정근로의 가치를 평가한 개념으로, 실근로와 무관하게 소정근로 그 자체의 가치를 온전하게 반영하는 것이어야 합니다. 따라서 근로자가 실제로 월 15일 이상 근무하는 조건을 충족해 만근수당을 지급받을 수 있는지 없는지는 고려할 필요 없이 조건으로 부여된 근무일수가 소정근로일수 이내라면 통상임금 산정 시 포함합니다.

[case study : 만근수당]

1. 주요 사실관계
- 월요일~금요일(1일 8시간) 40시간, 토요일 4시간 근무하는 주 6일 사업장으로, 월요일에서 토요일까지 만근시 만근수당 5만원을 지급하고 있음

2. 사안의 경우

사안의 경우 월요일~금요일 주 40시간이라는 소정근로제공 외에 연장근로에 해당하는 토요일 근무라는 요건을 달성하여야 하므로, 소정근로의 대가성으로 보기 어려워 통상임금이 아닙니다.[11]

11) CHAPTER 03. 통상임금, Q7.과 비교하여 보시면 좋습니다. 수당의 명칭으로만 통상임금 해당 여부를 판단하는 것이 아닌 지급 기준 및 실태에 따라 실질 판단하는 것이 핵심입니다.

[case study : 무사고수당]

1. 주요 사실관계

임금산정기간은 매달 1일에서 말일까지인 사업장에서 월마다 '무사고 조건'을 성취할 경우 무사고수당으로 10만원을 지급하고 있음

2. 사안의 경우

소정근로시간에 대한 근로제공 외로 무사고라는 추가적인 자격요건 달성함으로써 지급되는 보상으로, 소정근로 대가성이 결여되어 통상임금에 해당하지 않습니다.[12)]

Q8. 자격수당은 통상임금인가요?

A.

특정한 자격증이나 기술 등을 보유한 근로자에게 지급되는 자격수당은 자격 보유 여부가 **미리 확정**되어있다고 볼 수 있으므로 통상임금에 해당합니다.

실무 Tip

- ① 식대, ② 교통비 및 차량유지비, ③ 통신비 ➜ **(Point) 실비변상적 여부**
  모든 근로자에게 일정 금액을 매달 지급하고 있다면, 통상임금에

12) 대법원 전원합의체 2020다247190, 2024.12.19. 참조

해당. 다만, 실비변상적으로 지급되는 것이라면 통상임금 미해당
한편, ② 차량유지비 경우, 실제 차량 보유 여부로 지급 여부가 달라진다면, '일률성'이 부정되어 통상임금 미해당

- 가족수당
  부양가족 수와 관계없이 모든 근로자에게 지급되는 가족수당은 명목만 가족수당일 뿐이므로, 통상임금에 해당. 반면, 실제 부양가족 수에 따라 지급되는 경우에는 통상임금 미해당

Q9. 격일제 근무자입니다. 저의 소정근로시간은 야간근로시간(밤 10시~새벽 6시까지)을 포함하고 있습니다. 저 같은 경우 야간근로수당이 통상임금에 포함될 수 있나요?

A.

소정근로시간에 야간근로시간이 포함되어 야간근로수당을 받았더라도, 이는 소정근로시간에 대한 대가가 아닌 법 제56조에 따라 지급되는 가산수당입니다. 그러므로 통상임금에 포함되지 않습니다.[13)]

[case study : 재직자 기준 정기상여금]

1. 주요 사실관계
- 매년 12월 31일 기준으로 재직 중인 근로자를 대상으로 정기상여금을 지급하고 있음

13) 근로기준정책과-5975, 2019.11.27., 근로기준정책과-3942, 2016.06.23.

2. 사안의 경우

전합 판결에 따라 근로자가 그 특정시점에 재직하고 있을지 여부(고정성)과 관계없이 정기적인 지급이 확정되어 있는 상여금은 통상임금에 해당합니다.

CHAPTER 04

퇴직금

Q1. 사장님이 근로자가 1명인 사업장이라서 퇴직금이 없다고 하는데, 맞나요? ★

A.

퇴직급여법 제3조에 따르면, 이 법은 근로자를 사용하는 모든 사업 또는 사업장에 적용됩니다.[1] 즉, **1명의 근로자가 있는 사업장에서도** 근로자가 퇴직금 요건을 충족하였다면 사업주는 퇴직금을 지급하여야 합니다.

Q2. '23.01.01.부터 '23.12.31.까지 기간제 근로계약을 체결했습니다. 그러나, 회사는 사정이 어려워 '23.11.30.까지만 일하고 그만 나오라고 하였습니다. 부당하게 해고 통보를 받은 건데도 퇴직금을 받을 수 없나요? ★

A.

해고의 정당성은 따로 판단될 사안이며, 회사가 일방적으로 그만

1) 적용범위 확대: '87년 10명 이상 → '89년 5명 이상 → '10.12.01. 전 사업. 2010.12/1부터 2012.12.31.까지는 50%, 2013.1/1부터는 100%

두라고 하였더라도, 퇴직금 발생요건을 충족하지 못한다면 퇴직금은 발생하지 않습니다. 퇴직금 요건은 다음과 같습니다(퇴직급여법 제2조 및 제4조).

> ① 근로기준법상 **'근로자'**일 것
> ② 계속근로기간이 **1년 이상**일 것[2)]
> ③ 4주간 평균하여 1주간 소정근로시간이 **15시간 미만이 아닐 것**
> ④ **퇴직**할 것

질의의 경우, 계속근로기간이 1년이 안되므로, 법상 퇴직금이 발생하지 않습니다. 다만, 노동위원회의 부당해고 구제신청 또는 법원에 소송을 제기하여 부당해고임을 인정받았다면 부당해고 기간도 계속근로기간에 합산될 수 있습니다.[3)]

Q3. 4대보험 미가입하고 사업소득세 3.3%를 납부한 경우, 퇴직금을 받을 수 없나요?

---

2) 1일이라도 부족하면 퇴직금은 발생하지 않습니다.

3) 임금복지과-250, 2010.03.22. 참조
참고) 부당해고 구제신청 이후 근로계약기간 만료로 근로관계가 종료된 경우, 종전 判例(대법원 2008두22136, 2009.12.10.)는 퇴직금 산정 시 재직기간에 해고기간을 합산할 실익이 있다고 하여도 구제이익이 소멸하였다고 보았으나, 최근 判例(대법원 2019두52386, 2020.02.20.)에 따르면, 원직복직이 불가능할지라도 임금 상당액 지급의 구제명령을 받을 이익이 유지된다고 보아 구제이익을 인정한 바 있습니다.

A.

실질이 '근로자'라면,[4] 4대보험 미가입 및 사업소득세 납부 사정이 퇴직금 발생 여부에 영향을 미치지 않습니다. 판례에 따르면,[5] 4대보험 가입 여부나 사업소득세 납부 여부는 사용자가 경제적으로 우월한 지위를 이용하여 임의로 정할 여지가 크다고 보아 부수적 징표로 보고 있기 때문입니다. 즉, 근로자성이 인정된다면, 4대보험 미가입 및 사업소득세 납부 사정과 상관없이 퇴직금 요건을 충족한다면 퇴직금을 받을 수 있습니다.

Q4. DC형 가입사업장입니다. 외국인(H-2 또는 E-9)을 고용하고 있어 출국만기보험에 가입했습니다. 외국인이 퇴직하면 DC형 계산방식으로 퇴직금을 산출하여 출국만기보험 금액과의 차액만 지급하면 되나요?

A.

아닙니다. **외국인고용법 제13조 제2항**에 따르면, 사용자가 출국만기보험 등에 가입한 경우 퇴직급여법 제8조 제1항에 따른 **퇴직금 제도**를 설정한 것으로 본다고 명시하고 있습니다. 즉, 계속근로기간 1년에 대하여 30일분 이상의 평균임금을 퇴직금으로 지급하여야 합니다.

4) '들어가면서(근로기준법의 시작점: 근로자성 여부)를 참고해주세요. 또한, 근로기준법은 형식주의가 아닌 실질주의에 따라 판단합니다.

5) 대법원 2004다29736, 2006.12.07.

따라서, 사업장에서 DC형(퇴직연금)을 운영하고 있더라도, H-2(또는 E-9) 외국인 근로자의 퇴직금은 법정퇴직금제도에 따라 계산하여 출국만기보험과의 차액을 지급하면 됩니다.

> **「외국인고용법」**
>
> **제13조(출국만기보험 · 신탁)** ② 사용자가 출국만기보험등에 가입한 경우 「근로자퇴직급여 보장법」 제8조제1항에 따른 퇴직금제도를 설정한 것으로 본다.

Q5. 개인파산 선고를 받아 퇴직금 중간정산을 받았습니다. 향후 다시 퇴직금 중간정산을 신청할 수 있나요?

A.

퇴직급여법 시행령 제3조에 따르면, 무주택자인 근로자가 주거를 목적으로 민법 제303조에 따른 전세금 또는 주택임대차보호법 제3조의2에 따른 보증금을 부담하는 경우를[6] 제외하고는 퇴직금 중간정산 신청 횟수의 제한은 없습니다. 다만, 퇴직금 중간정산 신청 사유에 해당하여 회사에 신청한다고 하여 사업주가 중간정산을 반드시 해주어야 하는 것은 아닙니다.

6) 하나의 사업에 근로하는 동안 1회로 한정

Q6. 퇴직금 중간정산의 법적 효과는 무엇인가요?, 호봉이나 연차에도 영향을 주나요?

A.

퇴직금 중간정산의 법적 효과는 '퇴직금 산정을 위한 계속근로기간'을 정산 시점부터 새로 계산하는 것입니다(퇴직급여법 제8조 제2항). 그러므로, 호봉 및 연차에는 영향을 주지 않습니다.

Q7. 퇴직금 중간정산 **사유 외**로 정산을 받은 경우, 퇴직금 지급 효력이 인정되나요? ★

A.

퇴직급여법 제8조 및 동법 시행령 제3조에 명시된 퇴직금 중간정산 사유 **외**로 지급된 경우, 퇴직금 지급 **효력이 인정되지 않으며,** 계속근로기간도 새로이 시작되지 않습니다.

그러므로, 사용자는 전체 계속근로기간에 대하여 퇴직금을 적법하게 산정하여 지급할 의무가 있습니다. 근로자는 법정 퇴직금 중간정산 사유 외로 정산받은 금원은 부당이득이므로, 이를 사용자에게 반환하여야 합니다. 만일 근로자가 부당이득을 반환하지 않는다면, 사용자는 부당이득반환청구소송을 진행하여야 하는 번거로움이 발생할 수 있습니다.

실무 Tip

노동청 진정 시, 퇴직금 중간정산 무효 등으로 발생한 부당이득금과 체불된 임금채권과 상계 후 최종 미지급된 금액이 체불금액으로 확정됩니다.

Q8. 1년 2개월 동안 주 소정근로시간 15시간 이상 근로자로 근무하였습니다. 회사에서는 퇴직금이 1년을 채울 때마다 발생하므로, 1년에 대한 퇴직금만 줄 수 있다고 합니다. ① 퇴직금 산정방법은 어떻게 되나요?, ② 회사의 주장처럼 2개월 기간의 퇴직금은 받을 수 없나요? ★

A.

① 퇴직금 산정방법은 다음과 같습니다.

퇴직금 = 평균임금 × 30 × 재직일수 ÷ 365일

② 아닙니다. 위의 산정 식에서 알 수 있듯이 재직일수를 곱하게 되어 있습니다. 회사는 계속근로기간 1년 2개월에 대하여 퇴직금을 지급하여야 합니다.

Q9. 회사에서 수습기간 3개월 동안은 4대보험을 가입해주지 않았고, 수습 종료 다음 날부터 4대보험 가입해주었습니다. 퇴직금 산정을 위한 계속근로기간 시작점은 최초 입사일인가요?

4대보험 가입일인가요?

A.

<**계속근로기간**>은 동일한 사용자와 사용종속관계를 유지하며 근로 제공을 하는 것으로, 근로계약 체결일부터 해지일까지의 기간을 말합니다. 또한, 수습기간은 계속근로기간에 포함되어야 합니다. 그러므로, 4대보험 가입일이 아닌 **최초 입사일**이 계속근로기간 기산점이 됩니다.

Q10. 동일 법인 내에서 별도로 사업자등록이 된 지사를 이동하며 근무한 경우, 퇴직금 산정을 위한 계속근로기간 계산은 어떻게 해야 하나요?

A.

동일한 법인 안에서 별도로 사업자등록이 된 지사를 이동하였을지라도 **사용자가 동일**하다면, 계속근로기간을 **합산**하여야 합니다.

다만, 동일 법인일지라도 사업자등록을 따로 한 지점별로 서로 분리되어 독자적으로 사업경영이 이루어짐으로 실질적으로 사용자를 달리 볼 수 있다면, 지사별로 계속근로기간을 산정할 수 있습니다.

고용노동부 및 대법원에서 동일성 판단 시, 다음과 같은 기준을 중요하게 보고 있습니다.[7] 첫째, **인사·노무 독립성** 여부입니다.

7) 근로기준정책과-1358, 2022.04.22., 고용평등정책과-107, 2011.01.13., 고용차별개선과-82, 2011.03.09., 대법원 2012두25873, 2015.05.28. 참조

지사별로 채용, 징계, 승진, 보수 기준 및 지급 등 인사노무관리에 대한 전권을 행사하고 있는지 살펴봅니다. 둘째, **재무 및 회계 처리 독립성** 여부입니다. 재무제표가 따로 공시되고 있는지 같은 사정이 있습니다.

Q11. '전적'한 경우, 퇴직금의 지급 주체 문의드립니다.[8)]

A.

전적의 유효성에 따라서 퇴직금의 지급 주체가 달라질 수 있습니다.

(1) 전적이 **유효**한 경우

종전 회사와 근로관계는 **단절**되는 것이므로, 근로관계 당사자의 특약이 없는 한 **각 기업별로** 계속근로기간을 산정하면 됩니다. 즉, 각각의 기업이 해당 계속근로기간의 퇴직금 지급 주체가 됩니다.

(2) 전적이 **유효하지 않은** 경우

전적의 유효성이 인정되지 않는다면, 종전 회사와의 근로관계가 **유지**되므로 종전 회사가 퇴직금의 지급 주체가 되며 계속근로기간은 **합산**하여야 합니다.[9)]

---

8) 전적의 유효성 요건은 '근로자 동의'입니다. 동의는 명시적 방법 또는 묵시적 방법으로 가능합니다. 전적의 개념 및 근로관계 변동의 원칙은 PART 01. 근로계약 및 근로관계 변동, CHAPTER 02. (과도기적) 근로관계 및 변동, Q9. 참고해주세요.

9) 퇴직급여보장팀-379, 2007.01.24., 근로복지과-3254, 2014.08.29. 참조

Q12. 육아기 근로시간 단축기간(또는 가족돌봄휴직) 직후 바로 퇴사할 경우, 퇴직금 계산은 어떻게 되나요?

A.

육아기 근로시간 단축기간 및 가족돌봄휴직 기간은 계속근로기간에는 포함하되, 평균임금 산정 시에는 그 기간과 그 기간 중 지급된 임금은 각각 빼고 평균임금을 산정하여 퇴직금을 계산하여야 합니다.[10]

Q13. 퇴직금 산정내역서를 요청해도 사업주가 주지 않습니다. 임금명세서 위반으로 신고할 수 있나요?

A.

법 제48조에 임금명세서 교부 규정이 있지만, 퇴직금은 근로기준법상 임금에 해당하지 않으므로,[11] 사업주가 퇴직금에 대한 임금명세서를 교부해야하는 법상 의무는 없습니다. 그러므로, 퇴직금 산정내역서 미교부를 임금명세서 규정 위반으로 신고할 수 없습니다.

다만, 퇴직금 산정금액 등에 분쟁이 있다면 노동청에 신고하여 확인받으시길 바랍니다.

10) 제외되는 기간이 3월 이상인 경우 계산방법은 PART 02. 임금 및 퇴직금, CHAPTER 02. 평균임금, Q8. 참고해주세요.

11) 개정「근로기준법」설명자료, 고용노동부, 2021.11.

Q14. 퇴사 후, 원래 받아야 하는 퇴직금보다 적은 금액으로 사용자와 합의서를 작성하였습니다. 효력이 있나요?

A.

판례에 따르면,[12] **<퇴직금>**은 사용자가 일정 기간을 계속근로하고 퇴직하는 근로자에게 계속근로에 대가로서 지급하는 후불적 임금의 성질을 띤 금품으로, 퇴직금청구권은 근로관계가 끝나는 퇴직이라는 사실 요건으로 발생합니다.

퇴직 시 근로자에게 발생한 퇴직금청구권을 포기하는 것은 가능하므로, 퇴직금 합의서는 효력이 있습니다. 다만, 퇴직 전 발생하지도 않은 퇴직금청구권을 미리 포기하는 합의서를 쓴 것은 효력이 인정될 수 없습니다.

Q15. 퇴직금을 포함하여 월 300만원으로 근로계약을 하였습니다. 퇴직금 지급 효력이 인정될 수 있나요?[13]

A.

퇴직금은 퇴직으로 비로소 발생하는 권리이므로, 월 급여에 포함하여 퇴직금을 지급하였더라도 퇴직금 지급으로 효력이 인정될 수 없습니다.[14]

---

12) 대법원 2018다21821, 2018다25502, 2018.07.12.

13) PART 02. 임금 및 퇴직금, CHAPTER 05. 퇴직연금, Q4. 함께 보시면 도움이 됩니다.

14) 대법원 2007다90760, 2010.05.20.

① 그러므로, 퇴직금 명목의 금원 구분 없이 단순히 퇴직금 포함 300만원을 임금으로 받으셨다면, 퇴직금 지급을 요청할 수 있습니다.

② 다만, 퇴직금 30만원, 임금 270만원과 같이 퇴직금 명목의 금원이 임금과 명확히 구분되어 실질적으로 지급되었다면, 그 금원은 '부당이득'이며, 근로자는 이를 사용자에게 반환하고 퇴직금을 지급받으시길 바랍니다. 한편, 이 경우 평균임금 산정 시 부당이득 금품을 제외하여 퇴직금을 산정하여야 합니다(퇴직연금복지과-2156, 2015.07.06.).

Q16. 퇴직금을 받으려면 회사에 직접 오라고 요구하는 경우, 꼭 직접 가야 하나요? 회사 방문이 어려워 계좌이체를 요구하였으나 회사에서 계속 거부하고 있습니다. 어떻게 해야 할까요?

A.

법에서는 퇴직금을 퇴직한 날로부터 14일 이내에 지급하도록 하고 있습니다. 회사 측에서 퇴직금을 직접 받으러 오라고 요구할 수는 있습니다. 다만, 기존에 임금을 본인 명의 계좌로 받고 있었고 직접 수령하러 가야 하는 정당한 이유가 없이 법 제36조에 의한 지급기일이 지났다면 임금체불이 될 수 있습니다. 따라서, 회사에 정당한 이유를 상세하게 설명해달라고 요청하시고 그 이유가 정당하지 않을 경우 관할 노동청 신고를 고려하실 수 있습니다.

실무 Tip

사업주가 근로자의 계좌를 알 수가 없어 직접 수령을 요청한 때에도, 임금 수령 최고를 하고 근로자가 연락이 없거나 오지 않는다고 지급 노력을 하지 않고 가만히 있으면 법 위반의 책임을 면하기 어렵습니다. 그러므로, 근로자에게 지급이 어려운 사정이 있다면 임금 공탁을 적극 활용하시길 권고드립니다.

[case study : **단체협약 소급적용과 퇴직금**]

1. 주요 사실관계

- 진정인(근로자)은 2022.4.1.부터 2024.7.1.까지 근무하고 퇴직한 근로자임
- 회사는 2024.12.31. 임급협상을 통하여 2024.1.1.부터 임금인상을 소급하여 적용하기로 결정함
- 이에 진정인은 자신에게도 임금인상이 소급적용되어야 한다고 주장하며 퇴직금 추가분을 청구함

2. 사안의 경우

원칙적으로 단체협약(임금협약)은 체결 당시 재직 중인 근로자에게만 그 효력이 발생합니다.[15] 따라서, 임금인상 결정일 이전 퇴직한 근로자에게도 소급적용이 된다는 특약이 별도로 없는 이상 사안에서 근로자는 퇴직금 추가분을 청구할 수 없습니다.

15) 퇴직급여보장팀-316, 2007.7.9.

[case study : 고용승계와 퇴직금]

1. 주요 사실관계

- 근로자 甲은 청소용역업체 A사에서 청소운영관리를 하는 OO 쇼핑센터에서 '23.1.1.부터 근로계약을 체결하여 미화원 업무를 함
- '25.1.1. B사가 OO쇼핑센터 청소운영관리 입찰공고에 선정되어, A사와 영업양도양수계약서를 작성하였고, 특약으로 'B사가 승낙한 근로자에 한하여 고용을 승계한다.'라고 명시되어 있음
- 근로자 甲은 '25.5.31.까지 일하고 퇴직하면서 B사에 '23.1.1.~ '25.5.31.기간에 대한 퇴직금을 청구함
- 이에 B사는 영업양도양수계약서의 특약을 근거로 甲은 고용승계를 승낙한 근로자가 아닐뿐더러 A사와는 별개의 회사이므로, B에서 근무한 기간은 1년 미만이기 때문에 지급할 퇴직금이 없다고 주장함

2. 사안의 경우

먼저, 영업양도양수의 경우 원칙적으로 근로관계는 양수인에게 포괄적으로 승계되는 것이므로, 사안의 양도양수계약서의 특약은 효력이 없습니다. 따라서, 근로자 甲의 퇴직금 산정을 위한 계속근로기간은 A사와 B사에서 근무한 모든 기간을 합산하여야 함이 타당합니다. 또한, 고용승계시 A사에 사직서를 제출하고 퇴직금을 정산받은 등의 특별한 사정이 없다면, B사에게 계속근로기간 전 기간에 대한 퇴직금 지급 의무가 있습니다.

CHAPTER 05

퇴직연금

Q1. 퇴직연금의 종류는 어떻게 되나요?

A.

① 확정급여형퇴직연금제도, ② 확정기여형퇴직연금제도, ③ 개인형퇴직연금제도가 있습니다(퇴직급여법 제2조 제7호).[1]

① **<확정급여형퇴직연금제도**(DB형, Defined Benefit)**>**란, 근로자가 받을 급여의 수준이 사전에 결정되어 있는 퇴직연금제도로(동법 제2조 제8호), 운용주체인 사용자가 운용의 위험을 부담합니다.

② 반면, **<확정기여형퇴직연금제도**(DC형, Defined Contribution)**>**는 급여의 지급을 위하여 사용자가 부담하여야 할 부담금의 수준이 사전에 결정되어 있는 퇴직연금 제도이며(동법 제2조 제8호), 운용주체는 근로자이므로, 위험부담 주체도 근로자입니다.

③ **<개인형퇴직연금제도**(IRP, Individual Retirement Pension)**>**란, 가입자의 선택에 따라 가입자가 납입한 일시금이나 사용자 또는 가입자가 납입한 부담금을 적립 · 운용하기 위하여 설정한 퇴직연금제도로, 급여의 수준이나 부담금의 수준이 확정되지 아니한 퇴직연금제도를 말합니다(동법 제2조 제10호).

1) 가입자에 대한 둘 이상의 퇴직연금제도: 사용자가 가입자에 대하여 DB형 · DC형 제도를 함께 설정하는 퇴직연금제도(퇴직급여법 제6조).

Q2. 개인사업자에서 법인사업자로 전환할 경우, 퇴직연금을 다시 신고해야 하나요?

A.

고용노동부에 따르면,[2] 개인사업자에서 법인사업자로 전환 시 인적·물적 조직이 그 동일성은 유지하면서 일체로서 이전된 '영양양도'라면, 퇴직연금에 관한 권리의무도 승계가 가능하다고 보고 있습니다. 그러므로, 관할 노동관서에 퇴직연금 변경신고를 하시면 됩니다. 반면, 영업양도로 볼 수 없다면 개인사업자에 대한 퇴직연금에 대하여는 폐지신고를 진행하고, 법인사업자의 퇴직연금은 신규로 신고하여야 합니다.

Q3. DC형의 경우, ① 부담금의 적립방법은 어떻게 되나요?, ② 연차미사용수당도 부담금 산정범위에 포함되나요? ★

A.

① DC형의 경우, 사용자가 **매년 1회 이상** 정기적으로 가입자의 **연간 임금총액의 12분의 1** 이상에 해당하는 부담금을 현금으로 근로자의 계정에 납입하여야 합니다(퇴직급여법 제20조).

② 연차미사용수당도 근로의 대가인 임금이므로, 부담금 산정범위에 포함됩니다.

참고로, 퇴직금제도와 DB형의 평균임금 산정 시, 퇴직 시 비로소

2) 퇴직급여보장팀-2612, 2006.07.24.

발생하는 연차미사용수당은 평균임금 산정범위에 들어가지 않습니다. 반면, DC형은 퇴직 시 비로소 발생하는 연차미사용수당이 임금총액에 포함되어 부담금 산정에 반영된다는 차이점이 있습니다.

Q4. 연봉제 근로자이고, 퇴직연금(DC형) 부담금이 포함된 금액으로 연봉계약을 하였습니다. 퇴직금 분할 지급은 무효이니까 퇴직금을 청구할 수 있는 거 아닌가요?

A.

고용노동부에 따르면,[3] 연봉액에 퇴직금을 포함하여 계약하고, 연간 임금총액의 1/12 이상 퇴직연금 부담금으로 적립하였다면, 퇴직급여법에 위반이 없다고 보고 있습니다.

그러므로, 연봉액에 퇴직연금 부담금을 포함하여 산정하고 부담금을 적립하였다면 사용주가 퇴직금을 따로 또 지급해야 할 것은 아니어서 퇴직금을 따로 청구할 수 없습니다.

〈발췌〉 퇴직금 중간정산제도 업무처리지침 개정, 근로복지과, 2012.09.

- 연봉제하의 퇴직금 중간정산 유형에 따른 중간정산 제한 규정 적용
  (i) 연봉액에 퇴직금을 포함하여 매월 분할 지급하는 유형:

3) 퇴직금 중간정산제도 업무처리지침 개정, 근로복지과, 2012.09., 퇴직연금복지과-2558, 2021.06.02. 참조

"2012.7.26. 이후부터 유효한 중간정산으로 볼 수 없음"
(ii) 연봉액에 당해연도 근무분을 미리 산정하여 연봉총액에 포함하여 연봉계약 만료 시 지급하는 유형: "유효한 중간정산으로 볼 수 없음"

- 연봉액에 퇴직금을 포함하여 산정한 후 퇴직금에 상당하는 금액을 퇴직연금으로 적립할 수 있는지 여부: "가능"

Q5. 육아휴직을 연달아 2년을 사용하였는데 중간에 호봉이 인상되었습니다. 이 경우 DC형 부담금 산정 시, 육아휴직을 사용하기 전의 임금과 호봉으로 인상된 임금 중 어느 것이 기준금액이 되나요?

A.

시행령 제2조 제1항에 따르면, 남녀고용평등법 제19조에 따른 육아휴직기간은 평균임금 산정기간에서 그 기간과 금액을 각각 빼도록 규정하고 있습니다.

육아휴직기간 도중 호봉이 오른 경우라도, 육아휴직기간이 부담금 산정기간 전체를 차지하고 있다면 육아휴직 시작 전 임금을 기준으로 적립하면 됩니다. 고용노동부에 따르면,[4] 육아휴직 시작 전 호봉기준으로 적립하여도 법 위반이라고 볼 수는 없습니다. 한편, 노사합의로 인상된 호봉 기준으로도 적립할 수 있습니다.

---

4) 퇴직연금복지과-376, 2016.01.26.

Q6. ① 부담금 산정기간 **전체**가 육아휴직(또는 육아기 근로시간 단축)인 경우와 ② **일부**가 포함되어 있는 경우 DC형 부담금 산정방법 알려주세요. ★

A.

① 육아휴직을 시작하기 전년도에 받은 임금 총액 기준으로 부담금을 산정합니다.

② 부담금 산정기간 중 일부기간이 육아휴직인 경우에는 아래의 식에 따라 산정합니다(근로복지과-1689, 2013.05.15.).

$$부담금=\frac{육아휴직 \cdot 육아기\ 근로시간\ 단축\ 기간\ 중\ 지급받은\ 임금을\ 제외한\ 임금총액}{12개월\ -\ 육아휴직 \cdot 육아기\ 근로시간\ 단축\ 기간}$$

Q7. 재직기간 중간에 퇴직연금(DC형)에 가입하게 된 경우, 퇴직연금 가입 전 기간에 대한 퇴직금 지급은 어떻게 되나요?

A.

퇴직연금 가입기간은 '퇴직연금 가입일부터 근로를 제공하는 기간'입니다. 퇴직연금 가입일 전 근로기간에 대하여 소급가입 등의 **특약이 없다면, 퇴직시점**에 퇴직연금 가입일 전에 대하여는 퇴직금제도(퇴직급여법 제8조 제1항)[5]에 따라 퇴직금을 계산하여 지급하여야 합니다.

5) 계속근로기간 1년에 대하여 30일분 이상의 평균임금을 퇴직금으로 지급하는 제도.

참고로, 노사합의에 따라 퇴직연금 가입 전의 과거근로기간에 대하여 규약으로 정하여 **소급가입**할 수 있습니다. 소급가입 유형으로는 ① 전체 기간에 대한 소급, ② 일부기간에 대한 소급, ③ 소급 미적용이 있습니다. 소급가입 시 원칙적으로 퇴직연금 가입 시 소급가입분에 대한 부담금 전액을 일시에 납부하여야 합니다. 다만, 규약으로 분할 여부를 정하여 단계적으로 납부하는 것도 가능합니다.[6)]

Q8. DC형 소급가입 시, 과거근로기간에 대한 부담금 산정방법 알려주세요.

A.

퇴직연금 소급 가입이 결정된 시점 기준으로 ① 이전 1년간의 임금총액의 1/12 이상에 해당하는 부담금에 과거근로기간을 곱합니다. ② 이때, 과거근로기간 1년에 대하여 퇴직연금 소급 가입이 결정된 시점의 평균임금 30일분 이상이 되도록 하여야 합니다. 즉, 앞의 두 방법 중 큰 금액이 나오는 산정방법에 따라 퇴직연금 계정에 적립하시면 됩니다.[7)]

6) 퇴직급여보장팀-718, 2006.03.06.

7) 퇴직급여제도매뉴얼, 고용노동부, 2022.08.

Q9. 근로자가 퇴직연금제도 설정을 요구하는 경우 사용자가 거부할 수 있나요?

A.

사용자는 퇴직급여제도 중 하나를 설정하면 되기 때문에, 근로자가 퇴직연금제도 설정을 요구한다고 하여 거부할 수 없는 것은 아닙니다. 여기서 퇴직급여제도란 DB형, DC형, 중소기업퇴직연금기금제도, 퇴직금제도를 말합니다.

한편, 사용자가 퇴직연금 가입을 거부하면서도 퇴직급여제도 및 퇴직급여법 제25조 제1항에 따른 개인형퇴직연금제도를 설정하지 않은 경우라면, 법에서는 '퇴직금제도'를 설정한 것으로 봅니다.

> 「**퇴직급여법**」
>
> **제11조(퇴직급여제도의 미설정에 따른 처리)** 제4조제1항 본문 및 제5조에도 불구하고 사용자가 퇴직급여제도나 제25조제1항에 따른 개인형퇴직연금제도를 설정하지 아니한 경우에는 제8조제1항에 따른 퇴직금제도를 설정한 것으로 본다.

Q10. 근로자 과반수가 가입한 노동조합 또는 근로자 과반수의 동의를 받아 퇴직연금제도를 도입할 경우, 개별 근로자가 거부할 수 있는지요? ★

A.

퇴직급여법 제4조에 따라 적법하게 퇴직연금제도 설정 요건이 충족되었다면, 개별 근로자의 거부 의사에 상관없이 퇴직연금제도가 적용됩니다. 즉, 개별 근로자가 거부할 수 없습니다.

> 「**퇴직급여법**」
>
> **제4조(퇴직급여제도의 설정)** ① 사용자는 퇴직하는 근로자에게 급여를 지급하기 위하여 퇴직급여제도 중 하나 이상의 제도를 설정하여야 한다. 다만, 계속근로기간이 1년 미만인 근로자, 4주간을 평균하여 1주간의 소정근로시간이 15시간 미만인 근로자에 대하여는 그러하지 아니하다.
>
> ② 제1항에 따라 퇴직급여제도를 설정하는 경우에 하나의 사업에서 급여 및 부담금 산정방법의 적용 등에 관하여 차등을 두어서는 아니 된다.
>
> ③ 사용자가 퇴직급여제도를 **설정**하거나 설정된 퇴직급여제도를 다른 종류의 퇴직급여제도로 **변경**하려는 경우에는 **근로자의 과반수가 가입한 노동조합이 있는 경우에는 그 노동조합, 근로자의 과반수가 가입한 노동조합이 없는 경우에는 근로자 과반수(이하 "근로자대표"라 한다)의 동의**를 받아야 한다.
>
> ④ 사용자가 제3항에 따라 설정되거나 변경된 퇴직급여제도의 내용을 변경하려는 경우에는 근로자대표의 의견을 들어야 한다. 다만, 근로자에게 불리하게 변경하려는 경우에는 근로자대표의 동의를 받아야 한다.

Q11. 1년 미만 근로 시 적립된 퇴직연금을 받을 수 없나요?

A.

퇴직급여법 시행령 제24조에 의하면, 계속근로기간이 1년 미만인 근로자에 대한 퇴직연금 적립금은 사용자에게 귀속되는 것이라고 규정하고 있습니다.

따라서, 원칙적으로 1년 미만 근로 시 근로자는 적립된 퇴직연금을 받을 수 없습니다. 다만, 노사의 특약에 따라 계속근로기간이 1년 미만일 경우에도 근로자에게 귀속되도록 정하는 것은 가능합니다.[8)]

Q12. 사업주가 퇴직연금은 퇴직금과 다르므로, 퇴직일로부터 14일 이내에 지급되지 않아도 되니 한 달 후에 지급하겠다고 하는데, 맞나요?

A.

그렇지 않습니다. 퇴직연금도 퇴직 등 지급할 사유가 발생한 날로부터 14일 이내에 지급되어야 합니다(퇴직급여법 제17조 제2항 및 제20조 제5항). 위반 시 3년 이하 징역 또는 3천만원 이하의 벌금이 부과될 수 있습니다(동법 제44조, 반의사불벌죄, 양벌규정).

다만, 사업주가 근로자의 퇴직을 퇴직연금사업주에게 알렸음에도 불구하고 퇴직연금사업자의 단순 실수 등의 귀책사유로 지급이 지연된 경우라면, 동법 제33조 제2항 및 제48조 제2항에 따라 퇴직연금사업자에게 500만원 이하의 과태료가 부과될 수 있습니다.[9)]

---

8) 퇴직급여보장팀-1517, 2006.05.04.

9) 고용노동부, 퇴직급여제도 매뉴얼, 2022.08.

Q13. 사업주가 DC형 부담금을 은행에 적립하지 않고 있습니다. 퇴사할 때 퇴직연금을 받을 수 없을까 봐 걱정됩니다. 적립하지 않고 있는 부담금을 납부하도록 노동청에 신고할 수 없나요?

A.

재직 중에 회사가 확정기여형퇴직연금제도에 따른 부담금을 1년에 1회 이상 적립하지 않고 있는 것을 신고할 수는 없습니다. 퇴직 후, 14일 이내 퇴직연금을 받지 못하거나 법정 기준에 미달하면 퇴직급여법 위반으로 노동청에 신고하셔야 합니다.

Q14. DC형 지급 지연이자도 노동청에 신고할 수 있나요?

A.

퇴직 후 14일이 지난 후 발생하는 지연이자에 대해서는 일반채권이므로 민사절차를 통해 권리구제를 받으셔야 합니다.

한편, 노동청에 신고 가능한 DC형 지연이자는 사용자가 규약에 따라 정해진 날짜에 부담금을 납입하지 않아 발생하는 퇴직급여법 시행령 제11조 제1호에 대한 지연이자입니다.

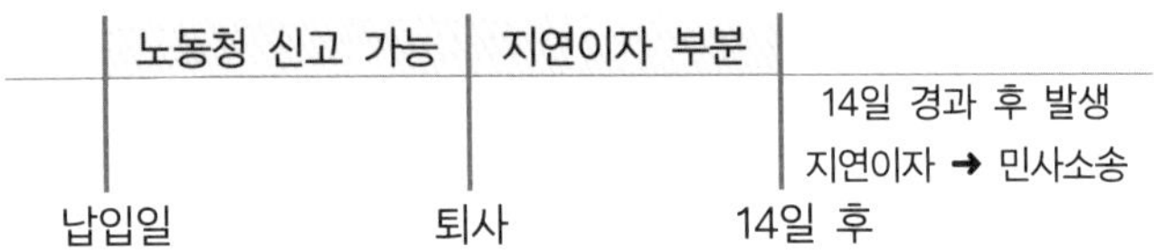

「퇴직급여법 시행령」

제11조(미납 부담금에 대한 지연이자 이율) 법 제20조제3항 후단에서 "대통령령으로 정하는 이율"이란 다음 각 호의 구분에 따른 이율을 말한다.

1. **부담금을 납입하기로 정해진 날짜의 다음 날을 기산일로 하여 가입자의 퇴직 등 급여를 지급할 사유가 발생한 날부터 14일(당사자 간의 합의에 따라 납입 날짜를 연장한 경우 그 연장된 날짜)까지의 기간:** 연 100분의 10
2. 제1호에 따른 기간의 다음 날부터 부담금을 납입하는 날까지의 기간: 연 100분의 20

Q15. 회사에서 퇴직연금을 받기 위해서는 IRP계좌를 만들어야 한다면서 퇴직연금을 주지 않고 있습니다. 개인통장으로 받고 싶은데 노동청에 신고하면 되나요?

A.

퇴직급여법 시행령 제3조의2의 예외 사유에 해당하지 않는다면, 개인통장으로 퇴직연금을 받으실 수 없습니다. 법적 절차에 따라 회사에서는 지급하고자 하는 것으로 법 위반 사항이 없으므로 노동청에 신고할 수 없습니다.[10)]

10) 근로자가 IRP계좌 미개설에 따라 퇴직연금 지급이 지연되고 있는 것이라면 미지급에 따른 지연이자도 발생하지 않습니다(퇴직연금복지과-1201, 2017.03.14.).

• IRP계정 등으로의 이전 예외 사유
  - 근로자가 55세 이후에 퇴직하여 급여를 받는 경우
  - 급여가 고용노동부장관이 정하여 고시하는 금액 이하인 경우[11)]
  - 근로자가 사망한 경우
  - 「출입국관리법 시행령」 제23조제1항에 따라 취업활동을 할 수 있는 체류자격으로 국내에서 근로를 제공하고 퇴직한 근로자가 퇴직 후 국외로 출국한 경우
  - 다른 법령에서 급여의 전부 또는 일부를 공제하도록 한 경우

11) 300만원 이하(고용노동부고시 제2015-89호, 2015.12.11.).

PART

03

근로시간과 휴식

CHAPTER 01

근로시간

Q1. ① 법정기준근로시간, ② 소정근로시간, ③ 표준근로시간은 무엇인가요? ★

A.

<**근로시간**>이란 **사용자의 지휘 · 감독**을 받으면서 근로계약에 따른 근로를 제공하는 시간을 말합니다(2018도16228).

① <**법정기준근로시간**>이란, 1주 40시간, 1일 8시간을 말합니다(법 제50조).[1)]

② 법정기준근로시간 범위 안에서 근로자와 사용자 사이에 정한 근로시간이 <**소정**(所定)**근로시간**>입니다(법 제2조 제1항 제8호).

③ <**표준근로시간**>은 유급휴가 등의 계산 기준으로 사용자와 근로자대표가 합의하여 정한 1일의 근로시간을 말합니다(시행령 제29조 제1항). 표준근로시간은 선택적 근로시간제를 도입하였을 때 사용합니다.

1) 15세 이상 18세 미만은 1일 7시간, 1주 35시간이며, 유해 · 위험작업 종사 근로자는 1일 6시간, 1주 34시간을 말합니다.

「근로기준법」

제50조(근로시간) ① 1주 간의 근로시간은 휴게시간을 제외하고 40시간을 초과할 수 없다.

② 1일의 근로시간은 휴게시간을 제외하고 8시간을 초과할 수 없다.

③ 제1항 및 제2항에 따라 근로시간을 산정하는 경우 작업을 위하여 근로자가 사용자의 지휘·감독 아래에 있는 대기시간 등은 근로시간으로 본다.

제69조(근로시간) 15세 이상 18세 미만인 사람의 근로시간은 1일에 7시간, 1주에 35시간을 초과하지 못한다. 다만, 당사자 사이의 합의에 따라 1일에 1시간, 1주에 5시간을 한도로 연장할 수 있다.

Q2. 1년 동안 출근 시간보다 30분씩 일찍 출근했습니다. 조기출근한 30분도 근로시간으로 볼 수 있나요?

A.

법상 근로시간은 근로자의 노동력을 사용자의 처분 아래에 둔 **실구속시간**을 의미합니다.[2] 따라서 조기출근에 대하여 사용자의 지휘·감독이 있었는지, 즉, 근로자에게 조기출근에 대한 **구속성**이 있었는지 사안에 따라 판단되어야 합니다.

고용노동부에 따르면,[3] 조기출근을 하지 않을 시 임금을 감액하

2) 근로개선정책과-994, 2011.04.26.

3) 근기01254-13305, 1988.08.30.

거나 복무 위반으로 제재를 가한 사정이 있다면 근로시간으로 보고 있습니다.

조기출근에 대한 임금 및 수당을 청구하고자 하는 경우, 출퇴근 기록만으로는 인정되기 어렵습니다. 조기출근에 대한 구속성을 보여줄 수 있는 업무지시 메일이나 카톡 메시지, 제재 자료, 공문, 업무의 필요성 등의 입증자료를 준비하는 것이 중요합니다.

Q3. 당직근무(숙 · 일직)도 근로시간으로 인정되나요?

A.

당직근무의 **내용과 업무의 질**을 판단하여야 합니다. **<당직근무>**란 본래 담당업무와는 별개의 근로로, 정기적 순찰, 전화와 문서의 수수, 기타 비상사태 발생 등에 대비하여 시설 내에서 대기하고 있는 것으로, 노동의 밀도가 낮고 감시 · 단속적 노동인 경우가 대부분입니다.[4] 따라서, 정상 근무로 취급되지 아니하여 정상 근무에 준하는 임금을 지급할 필요가 없다는 것이 판례의 입장입니다(대법원 2023다223508). 즉, 당직근무를 근로시간으로 보지 않습니다.

다만, 정상 근무의 연장으로 볼 수 있거나, 그 업무의 내용과 질이 통상의 근로로 평가되는 경우에는 근로시간으로 인정하여 그 근로시간에 대한 수당 등이 지급되어야 합니다.

4) 대법원 2023다223508, 2023.06.23., 근로기준정책과-2168, 2021.07.21., 근로개선정책과-3090, 2014.05.28. 참조

Q4. 회사에서 일방적으로 근로시간을 변경할 수 있나요? ★

A.

근로시간은 근로조건의 변경이기 때문에, 회사가 **일방적으로는 바꿀 수 없습니다**.

① '개별 근로자'의 근로시간 변경의 경우에는 변경된 '근로계약서'를 재작성하여야 하며, 회사에서 일방적으로 변경할 수 없습니다.

② '회사 전체 근로자'의 근로시간 변경의 경우라면, 법 제94조 제1항에 따른 취업규칙 변경 절차를 통해 변경할 수 있습니다. 다만, 그 변경이 근로자에게 불이익하다면 사업장에 근로자 과반수로 조직된 노동조합(그 노동조합이 없다면 근로자 과반수)의 동의를 받아야 합니다.

Q5. 교육 시간도 근로시간인가요?

A.

교육이 **사용자의 지시 · 명령**에 의해 이루어지고, 근로자가 **거부할 수 없다면** 근로시간으로 보아야 합니다.[5] 즉, 교육 불참 시 근로자에게 인사상 불이익 등이 있다면 근로시간입니다. 반면, 교육을 듣지 않아도 근로자에게 주어지는 불이익이 없다면 근로시간으로 보기 어렵습니다.

5) 법무 811-11278, 1978.05.31.

Q6. 출장 이동시간도 근로시간에 포함되나요?

A.

고용노동부에 따르면,[6] 원칙적으로 출장지 이동에 필요한 시간은 근로시간에 포함된다고 보고 있으나, 출퇴근에 갈음하여 출장지로 출근 또는 출장지에서 퇴근하는 경우라면 근로시간에서 제외할 수 있습니다.

한편, 지정된 숙소로의 이동 방법 · 시간 등에 대하여 사용자의 구속을 받으며 지휘 · 명령이 있으면 언제든지 이행하여야 하는 의무가 있다면, 근로시간으로 볼 수 있겠으나, 전체적인 출장업무 진행에 차질이 없는 범위 내에서 어느 정도 자유로운 이용이 보장되어 있다면 근로시간으로 보기 어렵습니다.[7]

실무 Tip

출장업무 수행 시 근로시간 산정이 어려운 경우, **법 제58조**에 따라 그 업무를 수행하는데 소정근로시간을 근로한 것으로 볼 수 있습니다. 다만, 그 업무를 수행하는데 통상적으로 소정근로시간을 초과하여 근로할 필요가 있는 경우에는 그 업무수행에 통상 필요한 시간을 근로한 것으로 볼 수 있습니다. 그러므로, 출장이동시간의 근로시간 여부 논쟁이 있을 시 취업규칙에 **'간주시간제'**가 도입되어있는지 확인하시길 바랍니다. 실무에서 대부

6) 근기 68207-1909, 2001.06.14.

7) 근로기준과-4182, 2004.08.12.

분 회사는 간주시간제를 도입하고 있어 출장이동시간의 근로시간 포함 여부가 쟁점이 되는 사건의 수는 많지 않습니다.

「근로기준법」

제58조(근로시간 계산의 특례) ① 근로자가 출장이나 그 밖의 사유로 근로시간의 전부 또는 일부를 사업장 밖에서 근로하여 근로시간을 산정하기 어려운 경우에는 소정근로시간을 근로한 것으로 본다. 다만, 그 업무를 수행하기 위하여 통상적으로 소정근로시간을 초과하여 근로할 필요가 있는 경우에는 그 업무의 수행에 통상 필요한 시간을 근로한 것으로 본다.

② 제1항 단서에도 불구하고 그 업무에 관하여 근로자대표와의 서면 합의를 한 경우에는 그 합의에서 정하는 시간을 그 업무의 수행에 통상 필요한 시간으로 본다.

③ 업무의 성질에 비추어 업무 수행 방법을 근로자의 재량에 위임할 필요가 있는 업무로서 대통령령으로 정하는 업무는 사용자가 근로자대표와 서면 합의로 정한 시간을 근로한 것으로 본다. 이 경우 그 서면 합의에는 다음 각 호의 사항을 명시하여야 한다.

1. 대상 업무
2. 사용자가 업무의 수행 수단 및 시간 배분 등에 관하여 근로자에게 구체적인 지시를 하지 아니한다는 내용
3. 근로시간의 산정은 그 서면 합의로 정하는 바에 따른다는 내용

④ 제1항과 제3항의 시행에 필요한 사항은 대통령령으로 정한다.

• (취업규칙) 간주(근로)시간제 규정 예시

(예시1) 1. 사원이 통상근로시간의 전부 또는 일부를 사업장 밖에 있어서의 업무에 종사하고, 근로시간을 산정하기 어려운 경우에는 휴게시간을 제외하고 1일 9시간을 근로한 것으로 본다.

2. 사원이 출장 기타 사유로 근로시간 전부 또는 일부를 사업장 밖에서 근로하여 근로시간을 산정하기 어려운 때는 소정근로시간을 근로한 것으로 본다. 다만, 당해 업무를 수행하기 위하여 통상적으로 소정근로시간을 초과하여 근로할 필요가 있는 경우에는 그 업무의 수행에 통상 필요한 시간을 근로한 것으로 본다.

(예시2) 출장 시 별도의 지시가 없는 경우 근무시간은 8시간을 근무한 것으로 본다.

• 간주근로시간제 도입 방법

① 통상근로자와 비교하여 근무장소 외의 다른 근로조건에 변경이 없는 경우에는 특정 근로자와 개별 근로계약서로 도입할 수 있습니다. ② 다만, 통상근로자와 비교하여 근무장소 외에 근로시간 산정방법 및 임금 결정 및 계산방법을 달리하는 경우 등 다른 근로조건의 변경이 있다면 취업규칙을 개정하고 근로자 대표와 노사합의서를 명확히 하는 것이 추후의 노사간의 분쟁을 줄일 수 있습니다.

• 근로자 대표와 노사합의서 작성 시 대상업무, 인정근로시간, 유효기간 등을 상세히 정하는 것이 바람직하며, 관련 서류는 법 제42조 및 시행령 제22조에 따라 서면합의한 날부터 3년간 보존하여야 합니다.

[case study : 간주근로시간제 도입 하에 초과 연장근로수당 청구 건]

1. 주요 사실관계

- 진정인은 운수서비스업 회사에서 시외버스기사로 근무하면서, 포괄임금으로 1일 3시간 기준의 고정연장근로수당을 받고 있었음
- 진정인은 버스 운행을 하면서 1일 포괄임금 기준시간보다 평균적으로 1~2시간 초과근로가 발생하였으므로, 그 초과시간의 연장근로수당을 청구함
- 한편, 사용자는 운행코스, 교통상황 및 운전사들의 근무태도 등에 따라 개별근로자의 버스 운행 시간을 정확히 파악하기에 어려움이 있어 근로자대표와 근로기준법 제58조 제2항에 따라 적법하게 간주근로시간제를 도입함8)

2. 사안의 경우

동법 제58조 제2항의 취지에 따라 간주근로시간제를 적법하게 도입한 경우, 제반 취지에 비추어 근로자에게 불이익이 없다면 무효로 볼 수 없으므로, 진정인의 추가 연장근로수당을 인정받기 어렵습니다. 업무내용의 특수성과 불이익의 정도에 따라 사안별로 인정 여부는 달라질 수 있겠으나, 실무에서 초과근로시간을 주장한다고 하여 그대로 모든 시간이 인정되지 않을 수 있음을 참고하시면 되겠습니다.

8) 사례에서는 간주근로시간제 도입요건이 충족되었음을 전제합니다. 도입요건은 ① 사업장 밖의 근로일 것, ② 근로시간을 산정하기 어려울 것, ③ 근로한 것으로 인정하는 시간을 규정하여야 합니다.

관련 판례 : 대법원 90다카6934, 1990.11.27.

시외버스여객운송사업을 하는 피고 회사가 노동조합과 임금협정을 체결함에 있어서 그 소속운전사들의 근무시간이 각기 일정하지 아니한 점 등을 감안하여 기본급에다가 일정한 비율에 의한 연장근무수당 및 월 25일 이내 근로시 주휴일 근무에 대한 수당을 합산한 금액을 일당으로 정하고 이를 기준으로 근무일수에 따라 임금을 산정하되 월 25일을 초과하여 근무한 경우에는 별도로 산정한 금액을 위 임금에 가산하기로 약정하여 노동조합원인 원고도 이러한 임금협정에 따라 그 퇴직시까지 임금을 지급 받아온 경우, 먼저 기본임금을 결정하고 이에 따른 연장근무수당 및 주휴일수당 등을 계산하여 합산한 것이 아니라 할지라도 피고 회사의 업무내용과 운전사들의 근무형태 및 근무시간의 특수성에 비추어 보면 위 협정내용이 근무자에게 특히 불이익하다고 볼 수 없으므로 위 임금협정이 무효라고 할 수 없다.

CHAPTER 02

연장 · 야간 · 휴일 근로

Q1. 연장 · 야간 · 휴일근로 개념과 가산 지급방법 문의합니다.

A.

① **<연장근로>**는 법 제53조 · 제59조 · 제69조 단서에 따라 연장된 시간의 근로를 말하며, 통상임금의 50% 이상을 가산하여 지급하여야 합니다.[1)]

② **<야간근로>**란 오후 10시부터 다음 날 오전 6시 사이의 근로를 말하며, 통상임금의 50% 이상을 가산하여 지급하여야 합니다.

③ **<휴일근로>**는 휴일에[2)] 근로하는 것을 말하며, 1일 8시간 이내의 휴일근로에 대해서는 통상임금의 50%를, 1일 8시간 초과분에 휴일근로에 대해서는 통상임금의 100%를 가산하여 지급하여야 합니다.

위의 연장 · 야간 · 휴일근로에 대한 가산수당(법 제56조)은 5인 이상 사업장에만 적용되며, 위반 시 3년 이하의 징역 또는 3천만 원

1) 당사자간 합의에 따라 1주 12시간 한도 내에서 가능하며, 1일에 대한 연장근로 한도는 없습니다(다만, 연소자는 1일에 1시간, 1주에 5시간 한도). 위반 시 2년 이하 징역 또는 2천만원 이하의 벌금이 부과될 수 있습니다.

2) **<휴일>**은 원래부터 근로자가 근로를 제공할 의무가 없는 날을 말합니다. 반면, **<휴무일>**은 근로제공의무는 있으나 근무편성이 되지 않은 날(비번일)로 휴무일에 근로할 경우 휴일근로가산수당은 발생하지 않지만, 연장근로에 해당한다면 연장근로가산수당이 발생합니다.

이하의 벌금이 부과될 수 있습니다.

> 「**근로기준법**」
>
> **제56조(연장 · 야간 및 휴일 근로)** ① 사용자는 연장근로(제53조 · 제59조 및 제69조 단서에 따라 연장된 시간의 근로를 말한다)에 대하여는 통상임금의 100분의 50 이상을 가산하여 근로자에게 지급하여야 한다.
>
> ② 제1항에도 불구하고 사용자는 휴일근로에 대하여는 다음 각 호의 기준에 따른 금액 이상을 가산하여 근로자에게 지급하여야 한다.
>
> 1. 8시간 이내의 휴일근로: 통상임금의 100분의 50
> 2. 8시간을 초과한 휴일근로: 통상임금의 100분의 100
>
> ③ 사용자는 야간근로(오후 10시부터 다음 날 오전 6시 사이의 근로를 말한다)에 대하여는 통상임금의 100분의 50 이상을 가산하여 근로자에게 지급하여야 한다.

Q2. 휴일근로와 연장근로가 겹칠 경우, 중복가산되나요?

A.

법 제56조 제2항의 방법에 따라 휴일근로에 대하여 가산수당을 지급하면 됩니다. 동일한 시간에 대해 연장근로수당을 중복가산할 필요 없습니다.[3)]

참고로, 연장근로와 휴일근로가 야간근로에 해당할 때는 각각 가산하여 지급하면 됩니다. 즉, 중복가산됩니다. 예를 들어, 2024년

3) 임금근로시간과-70, 2021.01.11.

설 연휴 3/9(토) 22:00시~익일 3/10(일) 08:00시까지 근무한 경우(휴게: 01:00~02:00, (통상)시급 10,000원) 임금 계산방법은 아래와 같습니다.

총 지급액: 175,000원

[90,000원(실근로시간 9시간 × 10,000원)
+ 85,000원(가산수당① + ② + ③)]

① 야간가산수당: 35,000원 (22:00~익일 6:00)	② 휴일가산수당: 50,000원 (중복가산 ○)	③ 연장가산수당 (중복가산 ×)[4]
- 7시간 × 0.5배 × 10,000(원)	- 8시간 이내: 8시간 × 0.5배 × 10,000 - 8시간 초과: 1시간 × 1배 × 10,000	×

근로시간	실근로시간 (9시간)	야간근로 (7시간)	휴일근로
토 10:00 ~ 11:00			8시간 이내 (50%)
11:00 ~ 12:00			
일 12:00 ~ 01:00			
01:00 ~ 02:00	휴 게 시 간		
02:00 ~ 03:00			

4) 대법원 2011다112391, 2018.06.21.

03:00 ~ 04:00			
04:00 ~ 05:00			
05:00 ~ 06:00			
06:00 ~ 07:00			
07:00 ~ 08:00			8시간 초과분(100%)

Q3. 포괄임금제 근로계약을 체결한 경우, 연장(야간 · 휴일)근로에 대한 가산수당을 청구할 수 없나요? (예. 임금 250만원, 연장 · 야간 · 휴일 수당 포함) ★

A.

먼저, 근로계약서에서 연장근로 가산수당이 몇 시간 기준으로 설정되어 있는지 확인하시길 바랍니다. 예를 들어, 연장근로 10시간에 대한 고정연장수당이 포함되어 있다면, 10시간까지는 사용자가 별도로 가산수당을 지급할 필요가 없습니다. 그러나, 포괄임금제가 유효할지라도 고정연장수당의 기준시간을 초과하는 근로시간에 대해서는 추가로 법정수당을 청구할 수 있습니다.

두 번째로, 포괄임금제 관련 임금체불사건에서 성립과 유효성 여부가 주요쟁점이 됩니다. **포괄임금제가 성립되었다고 볼 수 없거나, 성립되었더라도 효력이 부정되면,** 법 제15조에 따라 법에 미달하는 부분은 무효가 되고, 법 제17조 및 제56조에 따라 가산수당 지급을 청구할 수 있기 때문입니다. 따라서, 아래의 요건을 참고하시어 포괄임금제 성립 여부와 유효성을 검토하시길 바랍니다.

① 포괄임금제가 **'성립'**되기 위해서는 취업규칙, 근로계약서 등에 근거 규정이 명시되어야 하고, 개별 근로자의 명시적·묵시적 동의가 있어야 합니다. 포괄임금제가 성립되었다고 하여 그 유효성이 바로 인정되는 것은 아닙니다.

② 포괄임금제가 성립된 것으로 볼 수 있다면, 다음으로 **'유효성'** 여부를 검토합니다. 유효성이 인정되기 위해서는 근로시간 산정이 어렵고, 근로자에게 불이익이 없어야 합니다.

실무 Tip

포괄임금제의 유효성이 인정되고, 시급이 명확히 규정되지 않아 최저임금이 시급의 기준이 될 때, 최저임금 초과 지급분이 가산수당 지급으로 인정되는 경우도 있습니다.

Q4. 소정근로시간 외에 모바일 및 인터넷으로 교육을 받을 경우, 연장근로수당을 받을 수 있나요?

A.

소정근로시간 외 시간에 사용자의 **지시**에 따라 이루어지고, 교육수강을 하지 않을 경우, 어떠한 **인사상 불이익**이 있다면 인터넷 및 모바일로 교육을 수강하도록 하였다고 할지라도, 그 해당 교육

시간은 **근로시간**으로 보아야 할 것입니다. 또한, 그 교육 시간이 **연장근로**에 해당한다면 가산수당을 받을 수 있습니다.[5)]

Q5. 연장근로시간(법 제53조 제1항) 위반 여부 판단 기준 알려주세요. ★

A.

최근 대법원 판례(2020도15393, 2023.12.07.)에 따라, 고용노동부의 기존 행정해석이 변경되었습니다.

기존 고용노동부는 1일 법정근로시간 8시간을 초과한 시간도 연장근로로 보아, 이 연장근로가 1주 12시간을 초과하면 법 위반에 해당한다고 보았습니다. 그러나, 고용노동부는 행정해석을 변경하여 판례와 동일하게 1일이 아닌 **1주 법정근로시간 40시간을 기준으로 법 위반 여부**를 판단합니다. 즉, 1일 8시간 초과시간은 고려되지 않습니다.[6)] 연장근로 한도 위반 시 2년 이하의 징역 또는 2천만원 이하의 벌금이 부과될 수 있습니다.

참고로, 법 제56조에 대한 연장근로수당 지급기준에는 변경이 없으므로, 1일 8시간, 1주 40시간을 초과하는 연장근로에 대하여는 기존과 동일하게 통상임금의 50% 이상 가산하여 지급하여야 합니다.

5) 근로개선정책과-4354, 2012.08.28., 법무 811-11278, 1978.05.31. 참조
6) 고용노동부 보도자료, 연장근로 한도 위반 기준 행정해석 변경, 2024.01.22.

Q6. ① 연장근로 여부는 근로계약서의 근로시간을 기준으로 하는 건가요?, ② 소정근로시간 9:00~18:00(휴게시간 1시간)인데, 1시간 지각하여 10시에 업무를 시작하였습니다. 지각한 1시간 만큼 더 일하고 19:00에 퇴근할 경우, 18:00~19:00에 일한 시간은 연장근로수당 지급 대상이 되나요?

A.

① 아니요. 휴게시간을 제외한 **'실근로시간'**을 기준으로 연장근로 여부를 판단합니다.[7)]

② 연장근로는 **'실근로시간'**을 기준으로 하므로, 지각한 시간을 제외하고 연장근로 해당 여부를 판단합니다. 따라서 질의의 경우 실근로시간이 8시간이므로, 18:00~19:00에 일한 시간은 연장근로수당 지급 대상이 되지 않습니다.

Q7. 1일 단위와 1주 단위의 연장근로가 경합하는 경우, 연장근로수당은 어떻게 지급되나요?

A.

법 제50조에서 휴게시간을 제외하고 1주 간의 근로시간은 40시간을, 1일의 근로시간은 8시간을 초과할 수 없다고 명시하고 있습니다. 위에서 연장근로 여부는 '실근로시간'임을 살펴보았는데요. 1일 단위와 1주 단위가 경합하는 경우 연장근로수당 지급방법을

7) 근로개선정책과-2215, 2013.04.09.

사례를 통해 살펴보겠습니다.

※ 소정근로시간과 실근로시간 일치함 전제(휴게시간 제외)

월	화	수	목	금	토	합 계
6시간	6시간	6시간	6시간	6시간	**11시간**	**41시간**

위의 표에서 1주 단위로 연장근로시간을 보면, 주 40시간을 초과하는 1시간이 연장근로시간이 됩니다. 반면, 1일 단위로 보았을 때는 토요일에 8시간을 초과하는 3시간이 연장근로시간이 됩니다. 즉, 1주 단위 1시간과 1일 단위 3시간이 경합하게 됩니다. 이런 경우, 중복 지급하지 않되, 근로자에게 유리한 3시간을 기준으로 연장근로수당을 지급하면 됩니다.[8]

Q8. ① 3개월 이내 탄력적 근로시간제를 운영 중인데요, 연장근로도 가능한가요?, ② (가능하다면) 연장근로수당은 별도로 지급되지 않아도 되는 거죠?

A.

① 네. 탄력적 근로시간제 하에서도 연장근로는 당사자 간의 합의가 있는 경우 1주 12시간을 한도로 가능합니다. 그러므로, 3개월 이내 탄력적 근로시간제 경우, 1주간 가능한 최장 근로시간은 64시간이 됩니다.

8) 근기 68207-735, 1999.11.27. 참조

64시간 = **52시간**(연장 · 휴일근로 제외)9) + **연장 12시간**

② 실무에서 3개월 이내 탄력적 근로시간제 경우, 연장근로를 포함하여 특정주 64시간을 할 수 있으니, 연장근로수당을 지급하지 않아도 되는 제도 아니냐고 하시는 경우가 종종 있습니다. 그렇지 않습니다.

탄력적 근로시간제는 **단위 기간을 평균하여 1주간의 근로시간**이 법정근로시간(1주 40시간)을 초과하지 아니하는 범위 내에서 초과시간에 대한 가산수당을 지급하지 않아도 되는 효과가 있습니다. 즉, 일정기간 동안 평균 근로시간이 40시간 내라면 특정일, 특정주에 법정근로시간을 초과하여 근무한 시간에 대하여 연장가산수당을 지급하지 않아도 되는 것이지, 무조건 연장근로에 대하여 가산수당 지급의무가 없다는 것은 아닙니다.

또한, 3개월 이내 탄력적 근로시간제 경우, 다음의 하나에만 해당하면 연장근로가 되고 가산임금을 지급하여야 합니다.

- 단위기간을 평균한 1주 간의 근로시간이 40시간 초과
- 특정주의 근로시간이 52시간 초과하거나 특정일의 근로시간이 12시간 초과
- 서면합의로 정한 단위기간의 근로일 및 근로일별 근로시간 초과

9) 유연근로시간제 가이드, 고용노동부, 2019.08.

Q9. 탄력적 근로시간제에서 휴일근로 · 야간근로가 있는 경우 가산수당을 지급하지 않아도 되나요?

A.

아닙니다. 탄력적 근로시간제는 일정 단위기간을 평균하여 1주간 40시간이 초과하지 아니하는 범위에서 특정일, 특정주의 근로시간을 연장시킬 수 있는 제도입니다. 따라서, 탄력적 근로시간제 도입하에서도 휴일근로 또는 야간근로에 대하여 가산수당이 지급되어야 합니다.

Q10. 감단직 근로자가 동료 휴가자를 위한 대체 근무 시 추가 임금은 어떻게 지급해야 하나요?

A.

법 제63조에 따라 고용노동부장관의 승인을 받은 감단직인 경우, 법 제56조의 연장근로 및 휴일근로에 대한 가산임금이 적용 제외됩니다.

그러므로, 동료 휴가자를 대신하여 근로계약서에 명시된 소정근로일 외에 추가로 근로한 경우, **일한 그 시간만큼의 임금**을 더 지급하면 됩니다. 추가로 일한 그 시간이 야간근로에 해당한다면, 야간근로수당도 함께 지급합니다.

Q11. 감시 단속적 승인 근로자입니다. 격일제로 경비업무를 하고 있습니다. 근로자의 날 근무를 했는데 추가 수당 지급이 없습니다. 법적으로 문제없나요?

A.

근로자의 날은 「근로자의 날 제정에 관한 법률」에 의하여 유급휴일로 보장됩니다. 즉, 감단직 근로자라도 보장받는 유급휴일입니다. 그러나, 법 제63조에 의하여 감단직 근로자에게는 법 제56조에 따른 연장·휴일근로에 대한 가산수당은 적용되지 않습니다.

종합해보면, 근로자의 날 근무를 하였다면, 휴일근로에 대한 가산수당은 따로 지급되지 않지만, 통상 하루의 소정임금을 추가로 지급받을 수 있습니다.[10)]

Q12. 교대 근무자입니다. 일요일에 근무스케쥴이 있어 근로하였을 경우, 휴일근로에 대한 가산수당을 청구할 수 있나요?

A.

교대 근무자에게도 근로기준법의 **휴일 규정**이 **동일하게 적용**됩니다. 하지만, 일요일에 근무하였다고 바로 휴일근로에 해당하여 휴일근로가산수당을 받을 수 있는 것은 아닙니다. 근무하신 일요일이 유급휴일로 보장되는 날인지 검토하여야 합니다.

10) 임금근로시간정책팀-3356, 2007.11.13. 참조, 격일제 근로자 통상근로시간은 근무일의 절반에 해당하는 근로시간입니다. 격일제 12시간 근무 시(휴게시간 12시간 제외), 절반인 6시간이 통상근로시간이 됩니다.

① 취업규칙 등 사업장에서 일요일을 유급주휴일로 정하고 있고, 그날 근로를 제공하였다면 휴일근로에 대한 가산수당이 지급되어야 합니다.

② 다만, 행정해석에 따르면,[11] 주휴일은 반드시 일요일일 필요가 없으므로 휴무일 중 하루를 유급주휴일로 부여할 수 있습니다. 그러므로, 일요일이 아닌 휴무일 중에 하루를 주휴일로 받는 근로자라면, 그 근로자에게 일요일 근무는 휴일근로에 해당하지 않으므로 휴일근로 가산수당이 발생하지 않습니다.

③ 또한, 휴일대체 여부도 확인하시길 바랍니다. 기존 주휴일이 일요일이었으나 다른 날로 적법하게 휴일 대체가 되었다면, 일요일은 휴일이 아닌 통상근로일이 되므로 휴일근로에 해당하지 않습니다. 그러므로, 휴일근로 가산수당도 발생하지 않습니다.

실무 Tip

- 일요일을 주휴일로 정하고 있는지 근로계약서 및 취업규칙 등을 확인하시길 바랍니다.
- 취업규칙 주휴일 내용 예시
  - 1주 동안 소정근로일을 개근한 직원에 대하여는 일요일을 유급주휴일로 부여한다.
  - 토요일은 무급휴일, 주휴일은 일요일로 한다. 주휴일은 회사 사정에 따라 변경될 수 있다. 이 경우 회사는 적어도 24시간 이전에 직원에게 그 사유와 대체일 등을 통보한다.

11) 기준 1455.9-6327, 1969.06.07., 근기 68207-671, 2001.02.28.

- 스케줄 근무자로 부여되는 2일 휴무일 중 마지막 날을 주휴일로 부여하는 것으로 한다.

Q13. 스케줄 근무자입니다. 비번일(off)과 관공서 공휴일이 겹칠 때 유급휴일수당을 청구할 수 있나요? ★

A.

고용노동부에 따르면,[12] 비번일과 같이 근로제공이 예정되지 않은 날과 관공서 공휴일이 겹칠 경우, 사용자는 유급휴일 수당을 별도로 지급할 의무가 없습니다. 그러므로, 비번일과 공휴일이 겹친다고 하여 유급휴일수당을 별도로 청구할 수 없습니다. 다만, 단체협약, 취업규칙 등 노사 간 합의로 지급할 수도 있습니다.

12) 임금근로시간과-743, 2020.03.30.

CHAPTER 03

휴게시간

Q1. 근로계약서에 휴게시간(12:00~13:00)이 명시되어있지만, 실제로는 자유로이 쉬지 못하고 고객응대 및 전화업무 등을 하였습니다. 사용자에게 임금 지급을 청구하였지만 약속된 휴게시간이므로 임금을 줄 수 없다고 하는데 어떻게 대처해야 할까요? ★

A.

① 휴게시간 미부여 또는 ② 근로시간으로 판단되는 휴게시간에 대하여 임금체불진정 제기를 고려할 수 있습니다.

<휴게시간>이란, 시업시각과 종업시각 도중에 사용자의 지휘·감독에서 벗어나 근로자가 **자유롭게** 이용할 수 있는 시간을 말합니다.

질의와 같이 휴게시간에 근로하였다고 주장할 경우, 법률요건분류설에 따라 이를 주장하는 **'근로자'에게 입증책임**이 있습니다. 즉, 근로자 자신이 휴게시간에 근로를 제공하였다는 것을 입증하여야 합니다.

구두로만 주장하는 것이 아닌 실제로 휴게시간에 일했다는 구체적인 메모나 작업일지(일시, 장소, 업무 내용 등 명시), 그 밖에 업무사진, 카톡 메시지, 녹취록 등 객관적인 증거를 준비하시는 것이 중요합니다.

Q2. 근로시간이 4시간인 경우에는 30분 이상 휴게시간을 부여해야 하는 것으로 알고 있습니다. 소정근로시간은 13:00~17:30입니다. 4시간 일하고 30분 일찍(17:00) 퇴근시키는 것은 근로기준법 위반이 아닌가요?

A.

휴게시간은 **'근로시간 도중'**에 부여하도록 하고 있습니다. 따라서 질의와 같이 4시간 근로를 마치고 30분 일찍 퇴근시키는 것은 법 제54조 제1항을 위반한 것입니다. 위반 시 2년 이하의 징역 또는 2천만 원 이하의 벌금이 부과될 수 있습니다.

Q3. 연장근로 시 휴게시간 부여 방법 알려주세요.

A.

법 제54조 제1항에서 근로시간이 4시간인 경우 30분 이상, 8시간인 경우에는 1시간 이상 부여하도록 정하고 있습니다.

1일 8시간을 초과하여 발생한 연장 근로에 대하여도 4시간 근로에 30분, 8시간 근로에 1시간 이상의 휴게시간을 부여하여야 합니다(근로조건지도과-722, 2009.02.06.).

Q4. 휴게시간은 근로자가 자유롭게 이용할 수 있어야 한다고 알고 있습니다. 하지만 회사에서 휴게시간 동안 회사 밖으로 나가지 못하도록 제재하고 있는데 위법 아닌가요?

A.

휴게시간은 근로자가 자유롭게 이용해야 하는 것이나, 회사 측에서 최소한의 질서를 유지할 필요성이 있고, 작업의 특수성과 계속성 등의 이유로 휴게시간의 이용장소 등 어느 정도의 범위 내에서 사용자의 제약을 받는 것은 위법이라고 보기 어렵습니다.

고용노동부 또한 위의 같은 사유로 근로자가 휴게시간의 이용장소 등 어느 정도의 범위 내에서 제약받는 것은 부득이하다고 본 바 있습니다(해지 01254-5965, 1988.04.24.).

Q5. 대기시간도 휴게시간인가요?

A.

<대기시간>은 작업을 위하여 사용자의 지휘·감독 아래에 있는 것으로, 근로자가 자유롭게 이용할 수 있는 휴게시간이 아니며, 근로시간으로 봅니다(법 제50조 제3항).

[case study : 감시적 근로자 휴게시간의 근로인정 여부]

1. 주요 사실관계 비교(인정된 경우와 불인정된 경우)

8:00시부터 익일 8:00시까지(야간 휴게시간: 23시~익일 6시) 격일제로 경비업무를 담당하고 있는 감시적 근로자가 야간 휴게시간에 입주민 전화 대응, 방문차량 입출차 관리 등으로 근로를 하였으므로 그 시간에 대한 임금을 청구함

[인정된 경우]	[불인정된 경우]
• 근로공간과 휴게공간 미분리되어, 아파트 cctv화면이 설치된 근로공간에서 휴식을 취하면서 특이사항이 확인될 경우 야간순찰을 나가기도 함 • 입주자 등이 경비원의 휴게시간을 확인할 수 있는 표식이 없음 • 경비실 앞에 경비원의 성명과 연락처가 표기되어 있어 입주민 및 방문객들이 언제든지 연락을 할 수 있는 상태였음 • 방문차량은 경비실에 들렀다 가도록 안내문이 부착되어 있음 • 1인 맞교대로 근무하여 휴	• 휴게공간이 분리되어 있고, 근로자가 자신의 휴게시간을 정확히 인지하고 있었고, 휴게시간이 경비실 창문에 명시되어 있음 • 휴게시간에 방문차량 관리로 근무를 하였다고 하였으나, 방문차량 일지 기록이 없거나 차단기를 올려두기도 함 • 휴게시간에 입주민 전화를 받았다고 하였으나, 통화기록이나 업무일지에서 확인불가함 • 사용자 및 관리소장은 근로자에게 휴게시간에 업무지시를 한 적 없으며, 민원에 대기하여야 한다고 지시한

게시간에 업무대체자가 없음	적 없음

2. **시사점**

휴게시간 중 근로여부가 쟁점이 된 동일한 사건이었으나, 해당 현장의 휴게실 구비 여부 및 운영 실태, 근무환경과 입증자료 유무에 따라 사건처리 결과가 달라질 수 있습니다.

CHAPTER 04

휴일 · 주휴일

Q1. '근로자의 날'에 대한 유급휴일수당은 몇 시간 기준으로 받는 건가요?

A.

근로자의 날은 「근로자의 날 제정에 관한 법률」에 의한 법정 · 유급휴일입니다. **<유급휴일>**이란, 근로를 제공하였다면 지급받을 수 있는 금액을 받으면서 근로제공 의무가 없는 날입니다. 그러므로, **1일 소정근로시간**에 통상시급을 곱한 금액을 유급휴일수당으로 받는 것입니다.

Q2. 근로자의 날에 근무하였을 경우, ① 월급제 근로자와 ② 시급제 근로자의 경우 임금 계산방법을 알려주세요.

A.

① **<월급>**이란, 임금이 월 단위로 결정되어 월의 근로일수나 근로시간의 많고 적음에 관계없이 일정한 임금이 지급되는 임금 형태를 말합니다.[1] 그러므로 월급에 이미 근로자의 날에 대한 유급휴일수당이 반영되어 있으므로, 근로자의 날에 쉬었다면 월급 외에

1) 대법원 93다32514, 1994.05.24.

추가로 지급되는 유급휴일수당은 없습니다.

반면, 근로자의 날에 일하였다면, 휴일에 근로한 시간에 대한 임금과 그 시간에 대한 가산수당을 추가로 받으면 됩니다.[2] 즉, 근로자의 날 근로 따른 임금 100%, 휴일근로가산수당 50%을 합한 150%를 월급 외에 추가로 받으실 수 있습니다.

② 시급제에는 유급휴일수당이 월급처럼 포함되어 있지 않으므로, 근로자의 날에 일하지 않았다면 1일 통상임금의 유급휴일수당을, 일하였다면 1일 통상임금의 유급휴일수당(100%)과 휴일근로에 대한 임금(100%)과 가산수당(50%)을 지급받을 수 있습니다(250%).

사례를 보겠습니다. 시급제(소정근로시간 8시간, 통상시급 10,000원) 근로자가 근로자의 날에 9시간 일한 경우, 지급받을 임금은 총 220,000원입니다.

유급휴일수당(통상시급 × 정상근로일의 소정근로시간)	80,000원
근로시간에 대한 임금(통상시급 × 실근로시간)	90,000원
8시간 이내 휴일근로 가산수당(통상시급 × 근로시간 × 50%)	40,000원
8시간을 초과한 휴일근로 가산수당(통상시급 × 근로시간 × 100%)	10,000원
합 계	220,000원

2) 일용직(일당제)의 근로자의 날 유급휴일수당 내용은 VII. [특별part] 건설업 일용직, Q.7을 참고해주세요.

Q3. 주휴수당 발생요건이 궁금합니다. ★

A.

1주간 근로관계가 존속되고 그 기간 동안 **소정근로일을 '개근'**하면 주휴수당이 발생합니다.[3] '개근'이란 근로제공의무가 있는 소정근로일에 결근하지 않는 것을 말합니다(근로기준과-5560, 2009.12.23.). 참고로, 지각 · 조퇴 · 외출은 결근으로 볼 수 없으므로 개근 여부에 영향을 주지 않습니다.

다만, 4주 동안을 평균하여 1주간 동안 소정근로시간이 15시간 미만이거나(법 제18조 제3항), 농림 · 수산[4] · 감시(監視) 또는 단속적(斷續的), 관리 · 감독 등 업무 종사자는 주휴일 규정이 적용되지 않습니다(법 제63조, 시행령 제34조).

Q4. 사장님이 근무시간이 월 60시간이 안되는 달은 주휴수당을 줄 수 없다고 합니다. 주휴수당을 받을 수 없는 건가요?

A.

주휴수당은 월 60시간이 안 되더라도, 4주 동안(4주 미만으로 근로하는 경우에는 그 기간) 평균하여 1주 동안 소정근로시간이 15시간 이상이 되고, 소정근로일을 개근하였다면 지급되어야 합니다.[5]

---

3) 소정근로일이 월~금, 주휴일 일요일인 경우, 월요일~일요일까지 근로관계가 유지되어야 합니다(임금근로시간과-1736, 2021.08.04.).

4) 농림 · 수산 사업 해당 여부는 통계청 한국표준사업분류에서 확인할 수 있습니다.

5) 법 제18조 제3항 참조

Q5. ① 경영난으로 회사에서 한 주 모두 휴업하였습니다. 해당 주에 주휴수당이 발생하나요?, ② 주중에 공휴일(삼일절, 개천절 등)이 있는 경우, 주휴수당 발생 여부가 궁금합니다.

A.

① 사용자 귀책사유로 한 주 모두 휴업하였다면, 주휴일도 휴업기간에 포함하여 휴업수당을 지급받을 수 있습니다.[6)]

예를 들어, 주휴일이 일요일인 사업장에서 6/11(화)~6/17(월)까지 또는 6/10(월)~6/14(금)까지 휴업한 경우, 주휴일인 6/16(일)도 휴업기간에 포함됩니다.

반면, 6/10(월)~6/12(수)까지 휴업하고, 근로자가 휴업기간을 제외한 소정근로일을 개근하였다면 6/16(일)에는 주휴수당이 지급됩니다. 휴업수당과 주휴수당의 산정방법이 다르므로 아래의 표를 참고 바랍니다.

구분	산정방법
주휴수당	정상근로일의 소정근로시간(최대 8시간) × 통상임금(시급)[7)]
휴업수당	평균임금의 70%

② 주중에 공휴일을 제외한 소정근로일을 개근하였다면 주휴수당이 발생합니다.

6) 근로개선정책과-5243, 2012.10.25.

7) 근로자가 주휴일에 실제로 근무하지 않더라도 근무를 한 것으로 간주하여 지급되는 임금이므로, 그 성질상 통상임금을 기초로 하여 산정할 수당으로 봄이 타당합니다(대법원 2009다74144, 2010.01.28.).

Q6. 일주일 동안 배우자 출산휴가를 사용하였을 경우 주휴수당이 발생하나요?

A.

배우자 출산휴가를 일주일 모두 사용하였을 경우에는 주휴수당이 발생하지 않습니다.[8] 반면, 일주일 일부를 사용하고 나머지 소정근로일을 개근하였다면 주휴수당이 발생합니다.

Q7. 1일 9시간씩 월~금까지 일하고 있습니다. 주휴일도 9시간 기준으로 부여되는 건가요? ★

A.

아니요. 고용노동부에 따르면,[9] 주휴일은 정상근로일의 '소정근로시간'을 기준으로 1일분을 지급해야 합니다. 소정근로시간은 법정 내 근로시간에서 사용자와 근로자가 정한 시간이기 때문에 **최대 8시간까지**만 부여될 수 있습니다.

Q8. 격일제 근로자의 주휴시간은 어떻게 보아야 할까요?

A.

통상적으로 **<격일제>** 근로자는 전일의 근무를 전제로 다음 날 휴

---

8) 여성고용정책과-510, 2020.02.04.

9) 근로기준과-5560, 2009.12.23.

무일이 주어지는 형태의 근무를 합니다. 만약 1 근무일에 휴게시간을 제외한 소정근로시간이 12시간이라면, 2로 나눈 6시간을 주휴시간으로 보면 됩니다.[10]

Q9. **시급제 근로자로 일했습니다**(시급 12,000원, 주휴수당 포함 등 별도의 명시 사항 없었음). **사업주가 시급에 주휴수당이 포함된 것이었다며 주휴수당을 지급할 수 없다고 합니다. 임금체불 진정 제기가 가능할까요?** (전제: 주휴수당 요건 충족)

A.

시급제 근로자일 경우, 취업규칙, 근로계약서 등에 주휴수당을 포함한다는 내용이 명시되어있지 않고, 단순히 시급만 명시되어있다면, 주휴수당이 지급되었다고 보기 어렵습니다. 따라서 임금체불 진정 제기가 가능합니다.

실무 Tip

- '시급 12,000원(주휴수당 포함)'으로 명시한 경우:
  주휴수당이 지급되었다고 보기 어려워 사용자는 주휴수당을 지급하여야 하는 경우가 발생할 수 있습니다. 따라서, 근로계약서에 '기본시급 10,000원, 주휴수당 2,000원 포함'처럼 금액을 **구분하여 구체적으로 명시**하여 추후 노동분쟁을 최소화하도록 합니다.

10) 근로개선정책과-1574, 2013.03.07. 참조

Q10. ① 월~금 4시간을 근무할 경우, ② 월~목 4시간, 금, 토 3시간을 근무할 경우 유급주휴일 시간 산정방법 알려주세요.

A.

주휴일수당은 **정상근로일의 '소정근로시간'**을 기준으로 산정하여야 하므로,[11] 정상근로일의 소정근로시간을 어떻게 보아야 하는지가 쟁점이 됩니다.

실무에서는 최소 5일 정도 소정근로시간이 정형화되어 있다면 그 시간을 정상근로일의 소정근로시간으로 봅니다. 따라서 ①의 경우, 유급주휴일 산정 시간은 4시간이 됩니다.

②의 경우, 최소 5일 이상 정형화되어 있지 않으므로, 정상근로일의 소정근로시간을 4시간으로 보기 어렵습니다. 따라서, 1주간 소정근로시간을 합산하여 주 40시간에 비례하여 지급하는 것이 타당합니다.[12] 질의의 경우, 유급주휴일 시간 산정방법은 아래와 같습니다.

4.4시간 = 8시간 × 22시간[13] ÷ 40시간

11) 근로기준과-5560, 2009.12.23., 임금정책과-2492, 2004.07.07.

12) 근로기준정책과-5106, 2016.08.17. 참조

13) (4시간 × 4일) + (3시간 × 2일) = 22시간.

Q11. 주휴일과 공휴일이 겹칠 경우, 중복하여 유급휴일수당을 지급하여야 하나요?

A.

아닙니다. 근로자에게 유리한 하나의 휴일에 대해서만 유급휴일수당을 지급하면 됩니다(근로기준과-2571, 2005.05.11.). 다만, 취업규칙 등으로 중복 적용을 정하여 지급할 수는 있습니다.

CHAPTER 05

연차유급휴가

Q1. ① 연차사용기간과 ② 사용기간 내 사용하지 못하면 어떻게 되는지 알려주세요.

A.

① 법 제60조 제2항의 1년 미만의 기간에 발생하는 연차는 **'최초 1년의 근로가 끝날 때까지'** 사용하여야 하고, 법 제60조 제1항에 따라 전년도 근로의 대가로 발생하는 연차는 **'연차 발생일로부터 1년간'** 사용할 수 있습니다.

② 연차사용기간 내에 사용하지 못할 경우, 연차(연차휴가권)는 소멸되고, 미사용연차에 대한 수당청구권이 발생합니다. 참고로, 수당청구권이 발생하는 시점이 소멸시효 기산점이 됩니다.

Q2. 최저시급 기준의 기본급 외 다른 수당 없이 '23.02.01. ~ '24.01.31. 1년 계약직 근로계약을 체결하였습니다. 기간만료에 따라 '24.01.31.에 마지막 근로를 하였습니다(퇴사일: '24.02.01.).

① 근로계약기간 동안 발생 연차 개수가 궁금합니다. 11개인가요? 26개인가요?

② 근무 기간 중 최저임금이 올랐습니다.[1] 연차미사용수당 산정의 기준시점은 입사한 2023년인가요? 퇴사하는 2024년 인가요? ★

A.

① 입사 후 1년 미만 기간 동안에는 법 제60조 제2항이 적용되어 1개월 개근하면 1일의 연차휴가가 발생합니다. 예를 들어, 2023년 2월에 개근하였다면, 3/1에 1개의 연차가 발생합니다.

2023											2024	합계
2/1 입사일	3/1	4/1	5/1	6/1	7/1	8/1	9/1	10/1	11/1	12/1	1/1	
	1일	1일	1일	1일	1일	1일	1일	1일	1일	1일	1일	**11일**

또한, 법 제60조 제1항의 **'1년간의 근로의 대가'**로 부여되는 15일의 연차 발생 시점은 **전년도 근로를 마친 다음 날**이므로,[2] 질의의 경우 2024.01.31. 기간이 만료되어 근로관계가 종료되므로 15일의 연차는 발생하지 않습니다. 따라서, 1년 기간제 근로계약 동안 발생하는 연차는 **총 11개**입니다.

1) '23년 최저임금 9,620원 → '24년 최저임금 9,860원.

2) 대법원 2021다227100, 2021.10.14.

「근로기준법」

제60조(연차 유급휴가) ① 사용자는 1년간 80퍼센트 이상 출근한 근로자에게 15일의 유급휴가를 주어야 한다.
② 사용자는 계속하여 근로한 기간이 1년 미만인 근로자 또는 1년간 80퍼센트 미만 출근한 근로자에게 1개월 개근 시 1일의 유급휴가를 주어야 한다.

② 연차(연차휴가권) 발생 후, 1년 동안 사용하지 않았거나, 1년이 지나기 전 퇴직 등으로 연차휴가권이 소멸하고, 연차수당청구권이 발생합니다. 고용노동부에 따르면,[3] 연차휴가권이 소멸된 날의 다음 날 연차미사용수당청구권이 발생합니다. 그러므로, 연차휴가권의 마지막 달 기준 통상임금으로 지급해야 합니다.[4]

질의 경우, 1년 미만 동안 발생한 연차휴가의 사용기간은 최초 1년의 근로기간이 끝날 때까지이므로, **2024년 1월** 통상임금 기준으로 연차미사용수당이 산정되어야 합니다.

Q3. 5인 미만 사업장에서 5인 이상이 되었을 때 연차 산정은 어떻게 되나요?

A.

연차규정은 5인 이상 사업(장)에 적용됩니다. 따라서 **5인 이상이**

3) 근로개선정책과-4218, 2013.07.19.

4) 취업규칙 등에 다른 정함이 없다면 통상임금 기준으로 지급합니다.

된 시점 기준으로 법 제60조를 적용하여 연차휴가를 부여하면 됩니다.[5)]

예를 들어, 입사일은 2023.01.29., 상시 근로자 수가 5인 이상이 된 시점은 2023.12.31.이라면, 입사일이 아닌 2023.12.31. 기준으로 계속근로기간이 1년 미만인 기간에는 1개월 개근 시 1일(법 제60조 제2항)의 연차를 부여하고, 1년 이상이 되면 연차 15일(법 제60조 1항)를 부여하면 됩니다.

Q4. 5인 이상 사업장에서 5인 미만이 되었다가 다시 5인 이상이 되었을 때, 다시 1개월 개근하면 부여하는 1일 연차(법 제60조 제2항)를 다시 적용해야 하나요?

A.

5인 이상 사업장이 된 시점부터 법 제60조 제2항(11일 연차)에 따른 연차휴가를 모두 적용하였다면 다시 적용하지 않아도 됩니다(임금근로시간과-513, 2023.03.14.).

Q5. 연차는 입사일 기준과 회계연도 기준이 있다고 알고 있습니다. 회사는 회계기준으로 연차를 부여하고 있습니다. 퇴사 시 어떤 기준으로 연차수당을 정산받는 건가요?

5) 임금근로시간과-247, 2022.01.27.

A.

회계연도 기준으로 연차가 관리 · 부여되고 있더라도, 법적 기준인 '입사일 기준'으로 비교하였을 때 근로자에게 불이익이 없도록 하여야 합니다. 따라서, 회계연도 기준 연차일수가 입사일 기준 연차일수보다 적을 경우 추가로 연차수당을 정산해주어야 합니다.

Q6. **회계연도 기준으로 연차를 부여하고 있는 회사입니다. 퇴사 시점 법상 입사일 기준보다 더 많은 연차가 지급되었다고 그 일수를 급여에서 공제하여 부여하였습니다. 법상 문제가 없는 건가요?** ★

A.

먼저 **근로계약서나 취업규칙 등**에 퇴사 시점에 **입사일 기준으로 재산정한다는 내용이 명시되어있는지 확인**하여야 합니다. 이러한 **단서 조항이 없는 한 회계연도 기준으로 부여한 연차를 모두 부여**하여야 합니다.[6]

즉, 퇴사 시점에 입사일 기준으로 연차를 재산정하여 더 부여된 연차를 급여에서 공제한다는 별도의 단서가 없음에도 급여에서 공제하였다면, 관할 노동청에 임금체불 진정을 제기할 수 있습니다.

6) 임금근로시간정책팀-489, 2008.02.28.

실무 Tip

- 취업규칙 내용 예시
  퇴직 시 근로기준법에 따라 입사일 기준으로 연차휴가를 재산정한다. 만일 회계연도 기준으로 부여된 연차일수가 입사일 기준에 따른 연차일수를 초과하는 경우, 초과 일수에 대하여 월급에서 공제하여 지급한다.

Q7. 2교대 야간 근로자입니다. 근무시간은 20시~익일 오전 8시, 1년 기간제 근로계약을 체결하였습니다('23.06.05.~'24.06.04.). 계약만료일인 6/4 저녁 8시에 출근하여 익일 6/5 오전 8시까지 근무하였으면 15개 연차가 발생하나요?

A.

역일을 달리하여 익일까지 이어지는 근로의 경우, 그 근로자의 익일 소정근로 시업시각 전까지는 전일의 근로가 이어지는 것으로 봅니다(근기 68207-402, 2003.03.31.).

그러나, 최근 고용노동부의 행정해석(임금근로시간과-578, '22.03.14.)에 비추어 볼 때, ① 근로계약 존속기간 내에서 역일을 달리하여 익일까지 이어지는 근로의 경우와 ② 기간정함이 있는 근로계약에서 그 근로계약기간이 만료됨에 따라 근로존속관계가 종료되는 날의 근로가 익일까지 이어지는 경우는 다르게 판단하여야 합니다.

즉, 질의와 경우 기간정함이 있는 근로계약으로, 근로계약만료일인 '24.06.04. 그날 근로계약관계도 종료되는 것으로 보는 것으로 보아야 합니다. 따라서, '24.06.05. 아침까지 근로가 이어졌다면 전년도 근로의 대가('23.06.05~'24.06.04.)로 연차 15개가 발생합니다.

> **「민법」**
>
> **제159조(기간의 만료점)** 기간을 일, 주, 월 또는 연으로 정한 때에는 기간말일의 종료로 기간이 만료한다.
>
> **제160조(역에 의한 계산)** ① 기간을 주, 월 또는 연으로 정한 때에는 역에 의하여 계산한다. ② 주, 월 또는 연의 처음으로부터 기간을 기산하지 아니하는 때에는 최후의 주, 월 또는 연에서 그 기산일에 해당한 날의 전일로 기간이 만료한다. ③ 월 또는 연으로 정한 경우에 최종의 월에 해당일이 없는 때에는 그 월의 말일로 기간이 만료한다.

Q8. ① 연차유급휴가 대체제도를 개별 근로자의 동의를 받거나 취업규칙 변경으로 도입 가능한가요?, ② 연차대체를 개별 근로자가 거부할 수 있나요?, 출근하겠다고 하는 경우 어떻게 대처해야 하나요?

A.

① **법 제62조**에서 연차유급휴가 대체제도의 도입요건을 **'근로자 대표와의 서면합의'**로 명확히 명시하고 있습니다. 그러므로, 개별

적인 근로자의 동의나 취업규칙 변경으로 연차유급휴가 대체제도를 도입할 수 없습니다.

② 근로자대표와의 서면합의로 법적 요건을 충족하였다면, 개별 근로자가 연차대체를 거부할 수 없습니다. 그러므로 개별 근로자가 출근한다고 하는 경우, 노무수령거부를 명확하게 하시고 근거자료를 준비하시길 바랍니다.

한편, 노무수령거부 시 이메일로 통보한다면 메일 발송 자체로는 노무수령거부표시를 하였음이 인정되기 어려우니[7] 근로자로부터 내용 확인을 하였다는 회신을 따로 받아두시기를 권고드립니다. 또는 근로자 책상에 노무수령거부통지서 서면을 올려두고 이를 사진으로 찍어 두시거나, 근로자가 컴퓨터를 켰을 때 모니터에 노무수령거부 내용이 뜰 수 있도록 설정을 해두시는 방법도 고려하실 수 있습니다. <u>노무수령거부의 핵심은 근로자가 사용자의 노무수령거부의사를 인지할 수 있도록 조치를 하였는가</u>입니다.[8]

Q9. 연차를 시간 단위로 사용하고 싶어 회사에 요청하였으나 거부되었는데요, 허용해줘야 하는 거 아닌가요?

A.

법상 연차유급휴가는 시간 단위로 부여하여야 한다는 별도의 규정이 없습니다. 따라서, 근로자가 시간 단위 연차 사용을 요청한다고 하여 사용자가 이를 반드시 승인해주어야 하는 것은 아닙니다.

7) 근로개선정책과-4271, 2012.08.22.

8) 근로기준과-351, 2010.03.22.

연차휴가 취지상 **'일'단위**를 사용하는 것이 원칙이기 때문입니다.[9] 다만, 사용자와 근로자가 합의하여 시간 단위로 연차를 사용할 수 있습니다.

Q10. 미사용한 연차휴가를 이월하여 사용할 수 있나요?

A.

네, **근로자와 사용자가 합의**하여 미사용 연차휴가를 수당으로 보상하지 않고 다음 해에 이월할 수 있습니다.[10] 한편, 실무에서 '연차이월합의서'를 작성하여 연차 관리의 문제가 없도록 관리하시길 바랍니다.

Q11. 사용 가능한 연차휴가가 없는 경우, 장래에 발생할 연차를 선사용할 수 있나요?

A.

당사자의 합의로 연차선사용이 가능합니다.[11] 다만, 사용자가 근로자의 연차선사용 요청을 반드시 허용해주어야 하는 것은 아닙니다.

9) 근로기준정책과-2431, 2017.04.07., 근기 68207-934, 2003.07.23.
10) 근로기준정책과-3079, 2015.07.13.
11) 법무 811-27576, 1980.10.23., 임금근로시간과-168, 2022.11.07.

Q12. 임신기 · 육아기 · 가족돌봄 근로시간 단축을 하였을 때, 연차 산정방법이 궁금합니다.

A.

① **가족돌봄 근로시간 단축** 근무 때에는 종전과 동일하게 **단시간 근로자의 근로조건 결정기준에 준하여 연차를 산정**하여 부여하면 됩니다. 이때 '시간 단위'로 부여하며, 계산방법에 따라 1시간 미만에 대하여는 1시간으로 보아 지급하여야 합니다.

> **근로기준법 [시행령 별표2]** 단시간근로자의 근로조건 결정기준 등에 관한 사항
>
> $$\text{통상 근로자의 연차휴가일수} \times \frac{\text{단시간근로자의 소정근로시간}}{\text{통상 근로자의 소정근로시간}} \times 8\text{시간}$$

또한, 정상적으로 근로한 기간과 가족돌봄 근로시간 단축 기간이 혼재되어 있다면 다음과 같이 계산합니다. '근로월/12월'을 '계산하고자 하는 기간의 소정근로일수/연간 소정근로일수'로 하여 계산하는 것도 가능합니다.

정상적으로 근로한 기간 동안의 연차유급휴가		근로시간 단축기간 동안의 연차유급휴가
{15일 × (정상근로월/12월)}	+	{15일 × (근로시간 단축 근로자의 소정근로시간/통상근로자의 소정근로시간) × (단축기간 근로월/12월) × 8시간}

② 다만, **임신기 · 육아기 근로시간 단축** 경우에는 '24.10.22. 법 개정에 따라 단축시간도 **출근한 것으로 간주**하므로, 정상근무를 한 것으로 보아 연차를 산정하면 됩니다. 참고로, 법 개정 이후 시작한 임신기 · 육아기 근로시간 단축 경우에만 적용되는 것이므로, 개정법 시행 전에 사용하였거나 시행 전에 시작하여 임신기·육아기 근로시간 단축 중이었다면 출근 간주 규정은 적용되지 않습니다.

> **「근로기준법」**
>
> **제60조(연차 유급휴가)** ⑥ 제1항 및 제2항을 적용하는 경우 다음 각호의 어느 하나에 해당하는 기간을 출근한 것으로 본다.
> 1. 근로자가 업무상의 부상 또는 질병으로 휴업한 기간
> 2. 임신 중의 여성이 제74조제1항부터 제3항까지의 규정에 따른 휴가로 휴업한 기간
> 3. 「남녀고용평등과 일 · 가정 양립 지원에 관한 법률」 제19조제1항에 따른 육아휴직으로 휴업한 기간
> 4. **「남녀고용평등과 일 · 가정 양립 지원에 관한 법률」 제19조의2제1항에 따른 육아기 근로시간 단축을 사용하여 단축된 근로시간 (신설)**
> 5. **제74조제7항에 따른 임신기 근로시간 단축을 사용하여 단축된 근로시간 (신설)**

실무 Tip

소수점 이하의 연차가 발생할 경우, 실무에서는 1일로 상향조정하여 연차를 부여하거나, 소수점 이하 연차를 연차미사용수당으

로 지급 또는 시간단위 연차를 부여하여 근로자에게 불이익이 없도록 합니다.[12)]
예를 들어, 가족돌봄 근로시간 단축으로 13.5일 연차가 발생한 경우, 14일 연차를 부여하거나, 13일은 연차를 부여하고 0.5일에 대해서는 수당으로 지급, 또는 시간단위로 환산하여 연차를 부여할 수 있습니다.

Q13. ① 군 복무기간(또는 개인 질병 휴직기간)이 1년 전체를 차지하고 있어도 연차휴가가 발생하나요?, ② 1년 전체 중 군 복무기간(또는 개인질병 휴직)이 혼재되어 있는 경우, 연차 산정방법도 알려주세요. ★

A.

① 군 복무기간(또는 개인 질병 휴직기간)이 **전체** 1년을 차지하고 있다면 연차가 발생하지 않습니다.

② 다만, 군 복무 휴직기간을 제외하고 일부 출근한 날이 있는 경우, 고용노동부 행정해석에 비추어 보았을 때,[13)] 병역법에 의한 병역의무 이행을 위한 휴직기간(또는 개인질병 휴직기간)은 근로제공의무가 없는 기간으로, 결근으로 볼 수 없고 연차산정을 위한 연간 총 소정근로일수에서 제외되어야 하는 기간입니다. 따라서 산정식을 정리하면 아래와 같습니다.

12) 근기 01254-11575, 1989.08.07. 참조
13) 임금근로시간과-1736, 2021.08.04.

$$15\text{일} \times \frac{\text{연간 총 소정근로일수} - \text{군 복무}\cdot\text{개인병가 휴직기간}}{\text{연간 총 소정근로일수}}$$

Q14. 개인 질병으로 병가 신청 시, 남은 연차를 선사용하게 하는 것은 근로기준법 위반 아닌가요?

A.

개인적 질병으로 인한 병가 사용 시, 법에 규정된 내용이 없으므로 회사가 재량적으로 정하여 운영할 수 있습니다. 따라서 단체협약, 취업규칙, 근로계약서 등으로 노사가 합의하여 남은 연차를 선사용하게 하는 것이 근로기준법에 위반된다고 할 수 없습니다.[14)]

다만, 노사합의에 따라 정한 바 없고(예. 사내 규정 정함이 없는 경우), 근로자의 동의도 받지 않았다면, 일방적으로 남은 연차를 선사용하게 하는 것은 법 제60조 위반의 소지가 있습니다.

Q15. 회사에서 연차촉진제를 운영하고 있으므로 연차미사용수당을 지급할 의무가 없다고 합니다. 저는 연차촉진에 대해서 들은 바 없는데요, 연차미사용수당을 받을 수 없는 건가요?

A.

단순히 회사에서 연차촉진제를 운영한다고 하여 연차미사용수당

14) 근로개선정책과-4027, 2014.7.18.

을 지급할 의무가 없어지는 것은 아니며, 법 제61조의 요건이 충족되어야 합니다. 그러므로, 적법한 연차촉진이 이루어진 것이 아니라면 연차미사용수당을 청구할 수 있습니다.

<연차촉진제도>란 연차유급휴가의 사용 촉진을 위하여 법 제61조의 조치를 하였음에도 불구하고 근로자가 휴가를 사용하지 아니하여 연차사용휴가권이 소멸된 경우 사용자는 그 휴가에 대하여 보상할 의무가 면제되는 제도입니다. 적법한 연차촉진제도 운영을 인정받기 위해서는 다음 아래의 요건이 충족되어야 합니다.

<table>
<tr><th colspan="4">연차촉진방법</th></tr>
<tr><td rowspan="5">계속근로기간
1년 미만
경우</td><td rowspan="2">1차</td><td>(시기)</td><td>최초 1년의 근로기간이 끝나기 3개월 전 기준으로 10일 이내(이후 발생분은 1개월 전 기준으로 5일 이내)</td></tr>
<tr><td>(방법)</td><td>‘근로자별로’ 사용하지 아니한 휴가 일수 고지 및 그 사용시기를 정하여 사용자에게 통보하도록 ‘서면’ 촉구</td></tr>
<tr><td rowspan="3">2차</td><td colspan="2">• 1차 촉진에도 불구하고 근로자가 사용시기를 지정하여 사용자에게 미통보 시</td></tr>
<tr><td>(시기)</td><td>최초 1년의 근로기간이 끝나기 1개월 전까지</td></tr>
<tr><td>(방법)</td><td>‘근로자에게’ 사용시기를 정하여 ‘서면’ 통보</td></tr>
<tr><td>계속근로기간
1년 이상
경우</td><td>1차</td><td>(시기)</td><td>연차 사용기간이 끝나기 6개월 전 기준으로 10일 이내</td></tr>
</table>

<table>
<tr><td rowspan="4"></td><td></td><td>(방법)</td><td><u>'근로자별로'</u> 사용하지 아니한 휴가 일수 고지 및 그 사용시기를 정하여 사용자에게 통보하도록 <u>'서면'</u> 촉구</td></tr>
<tr><td rowspan="3">2차</td><td colspan="2">• 1차 촉진에도 불구하고 근로자가 사용시기를 지정하여 사용자에게 미통보 시</td></tr>
<tr><td>(시기)</td><td>연차 사용기간이 끝나기 2개월 전까지</td></tr>
<tr><td>(방법)</td><td>'근로자에게' 사용시기를 정하여 '서면' 통보</td></tr>
</table>

실무 Tip

- 연차촉진 서면통지 외의 방법에 따른 유효성 인정 여부[15)]
  - 구두 통보: 인정 어려움
  - 사내 게시판 공고: 인정 어려움
  - 개인 이메일 발송: 근로자가 메일을 수신하여 내용을 알고 있다면, 유효성 인정 가능
- 근로계약기간을 1년 미만으로 한 기간제 근로자에게 발생하는 1개월 개근하면 1일의 연차(법 제60조 제2항)는 연차촉진대상이 아니므로,[16)] 촉진하였다고 하더라도 기간만료 시 미사용 연차에 대한 수당을 지급하여야 합니다.

Q16. 미사용수당을 받는 대신 다음 연도로 이월한 연차도 사용촉진대상이 되나요?

15) 근로기준과-3836, 2004.07.27., 임금근로시간과-749, 2020.03.30.

16) 임금근로시간과-883, 2020.04.13.

A.

미사용수당을 받는 대신 다음 연도로 이월한 연차는 사용촉진대상이 되지 않습니다.[17] 연차촉진제도는 연차사용기간이 끝나기 전, 즉, 연차휴가권이 소멸하여 수당청구권으로 바뀌기 전에 법 제61조 제2항에 따라 정해진 기간 내 촉진을 하는 제도이기 때문입니다.

Q17. 1차 연차촉진 시 근로자가 남은 연차 10개 중 5개만을 사용시기를 정하여 사용자에게 통보한 경우, 사용자는 2차 촉진을 하여야 하나요?

A.

고용노동부에 의하면,[18] 사용자의 1차 촉진에 따라 근로자가 남은 연차 중 일부만을 사용시기를 정하여 사용자에게 통보한 것은 나머지 연차에 대해서는 사용시기를 지정하여 통보하지 않은 것으로 봅니다. 그러므로, 사용자는 남은 연차에 대하여 사용시기를 지정하여 근로자에게 통보하는 2차 촉진을 하여야만 금전보상의무가 면제될 수 있습니다.

17) 임금근로시간과-1127, 2020.05.21.

18) 근로조건지도과-44, 2009.01.05.

Q18. 연차미사용수당 포기각서(합의서 및 동의서)의 효력이 인정될 수 있나요?

A.

근로자에게 연차미사용수당 청구권이 발생하기 전에 미리 포기한 것이라면 법 제15조에 따라 효력이 인정될 수 없습니다. 다만, 연차미사용수당청구권이 근로자에게 발생한 후에 포기한 것이라면 효력이 인정될 수 있습니다.[19]

Q19. 지각 합계 시간이 8시간이 되면 연차 1일을 공제한다고 합니다. 법적으로 가능한가요?

A.

'근로자의 동의'가 있다면, 지각 누계 8시간을 연차 1일을 사용한 것으로 처리할 수 있으며, 이 경우 법 위반이라고 할 수 없습니다. 다만, 근로자의 동의 없이 사용자가 일방적으로 지각 누계시간을 연차를 사용한 것으로 처리할 수 없으며, 그 시간만큼만 무급 처리할 수 있습니다.

한편, 지각, 조퇴, 외출 등 누계시간에 상관없이 일정 횟수 이상만 되면 연차 1일을 사용한 것으로 보는 것은 법 위반입니다.

19) 근기 68207-1875, 2002.05.09. 참조

실무 Tip

- 3회 지각, 조퇴, 외출 시 연차 1개를 사용한 것으로 한다: 위법
- 지각, 조퇴, 외출 등 누계시간이 8시간일 경우, 근로자의 동의 하에 연차 1개를 사용한 것으로 한다: 적법

Q20. 취업규칙에 연차 사용 시 3일 전에 신청하도록 규정되어 있습니다. 당일 연차 신청을 하였는데요, 회사는 3일 전에 신청하지 않았으므로 승인해줄 수 없고, 출근하지 않으면 결근 처리하겠다고 합니다. 법적으로 맞는 건가요?

A.

연차는 근로자가 청구한 시기에 주어야 함이 원칙입니다. 다만, 사용자는 근로자가 청구한 시기에 휴가를 주는 것이 사업 운영에 막대한 지장이 있는 경우,[20] 시기변경권을 행사할 수 있지만, 연차 사용 자체를 거부할 수는 없습니다. 취업규칙을 이유로 단순히 3일 전에 신청하지 않았다는 이유로 결근 처리하는 것은 위법합니다.[21]

20) 입증책임은 사용자에게 있으며, 대체자 유무, 업무의 성질, 남은 근로자의 업무량, 같은 시기의 연차신청 근로자 수 등을 종합적으로 고려하여 사용자는 근로자가 지정한 시기에 휴가를 준다면 그 사업장의 업무 능률이나 성과가 평상시보다 현저하게 저하되어 상당한 영업상의 불이익을 가져올 것이 염려되거나 그러한 개연성이 엿보이는 사정이 있는 경우에 한하여 그 연차휴가의 시기를 변경할 수 있습니다. 단순히 남은 근로자들의 업무량이 상대적으로 많아진다는 일반적 가능성만으로 시기변경권이 인정되기는 어렵습니다(서울고등법원 2018누57171 참조).

21) 근기 68207-1569, 2002.04.16. 참조

PART

04

근로관계 종료

CHAPTER 01

근로관계 종료

Q1. 근로관계 종료 유형은 어떻게 되나요? ★

A.

판례에 따른 근로관계 종료 유형은 크게 ① 퇴직, ② 해고, ③ 자동종료로 볼 수 있습니다.[1]

<퇴직>	근로자의 의사나 동의에 의하여 이루어지는 것
<해고>	**근로자의 의사에 반하여 사용자의 일방적 의사**에 의하여 이루어지는 일체의 **근로계약관계의 종료**
<자동종료>	근로자나 사용자의 의사와 관계없이 이루어지는 자동소멸

Q2. 근로계약의 '자동종료' 사유는 어떻게 되나요?

A.

근로계약의 자동종료 사유로는 ① 근로계약기간의 만료, ② 정년의 도달, ③ 당사자 소멸(당사자의 사망, 회사의 폐업 및 파산)이 있습니다.

1) 대법원 92다54210, 1993.10.26.

Q3. 부당해고 구제신청을 해고가 있었던 날로부터 3개월 이내에 제기해야 하는 것으로 알고 있습니다. 이 기간이 지났을 경우 권리구제를 받을 수 없나요?

A.

법 제28조의 '부당해고등이 있었던 날부터 3개월 이내'는 제척기간입니다. **<제척기간>**은 권리를 행사할 수 있는 법정기간이므로, 그 기간이 지나면 노동위원회에 구제신청을 할 수 없습니다. 3개월이 도과하여 구체신청을 하였다면 각하 사유가 됩니다.

다만, 법원에 해고무효 확인의 소를 제기할 수 있습니다. 무효확인 소의 제소기간 제한은 없으나, 대법원에서는 근로자와 사용자 사이의 고용관계에 있어서 실효의 원칙(신의칙)을 적극 적용하고 있습니다.[2] 이는 사용자의 기업활동은 물론 근로자 입장에서도 임금 수입에 의한 생계를 고려했을 때 신속히 해결되는 것이 바람직하기 때문입니다. 따라서 상당 기간이 지난 후에 소를 제기한다면 신의칙 위배로 각하될 수 있음을 유의하시길 바랍니다.

Q4. 정년 도달 후, 위촉직으로 '23.01.01.~'23.12.31. 근로계약을 체결하였습니다. 계속근로기간이 최초 입사일부터 이어지는 건가요?, 아니면 위촉직 근로계약 시작일부터 새로 시작되는 건가요?

2) 대법원 91다30118, 1992.01.21.

A.

원칙적으로 정년의 도달은 근로관계 자동종료 사유이므로, 정년 도달 시 퇴직금 지급을 하여야 하고, 근로관계도 **단절**됩니다. 그러므로, 위촉직 근로계약 시작일부터 계속근로기간이 다시 시작되어야 합니다.

다만, 고령자고용법 제21조에 제2항에 따라 사용자와 근로자 **당사자 간의 합의**로 퇴직금이나 연차 산정기준일을 정할 수 있습니다. 따라서, 계속근로기간 산정 시 정년 도달 전의 근로기간을 제외하고 새로이 시작할 것인지 등을 근로계약서의 특약, 취업규칙 등에 상세히 정하여 추후 분쟁이 없도록 하는 것이 바람직합니다.

「고령자고용법」

제21조(정년퇴직자의 재고용) ① 사업주는 정년에 도달한 사람이 그 사업장에 다시 취업하기를 희망할 때 그 직무수행 능력에 맞는 직종에 재고용하도록 노력하여야 한다.

② 사업주는 고령자인 **정년퇴직자를 재고용할 때 당사자 간의 합의에 의하여** 「근로기준법」 제34조에 따른 퇴직금과 같은 법 제60조에 따른 연차유급(年次有給) 휴가일수 계산을 위한 계속근로기간을 산정할 때 종전의 근로기간을 제외할 수 있으며 임금의 결정을 종전과 달리할 수 있다.

Q5. 1년 기간제 근로계약을 체결하였습니다. 계약기간이 만료되기 전에 정년에 도달하였다는 이유로 근로계약을 종료할 수 있나요?

A.

기간제 근로자는 기간제법 제17조에 의거하여 근로계약기간에 관한 사항을 명시하도록 하고 있으며, 명시된 근로계약기간이 만료하여야 근로계약이 종료되는 것이 원칙입니다. 그러므로, 사용자는 근로계약기간이 만료되기 전에 근로자가 정년에 도달하였다는 이유만으로 근로계약을 종료시킬 수 없습니다. 이 경우 부당해고가 될 수 있으며, 노동위원회에 구제신청을 하실 수 있습니다.

실무 Tip

단순히 취업규칙에 '정년에 도달하면 근로관계가 종료된다.'라는 규정만으로는 기간제 근로자의 근로계약기간이 남아 있음에도 정년에 도달하였다는 이유로 근로계약을 종료시킬 수 없습니다.[3]

Q6. 부당해고 구제신청에서 부당해고임을 인정받아 회사로부터 원직복직을 하라는 내용증명을 받았습니다. 출근하지 않으면 어떻게 되는 건가요?

A.

노동위원회는 부당해고가 성립한다고 판정되면 사용자에게 구제

3) 근기 68207-1375, 2002.04.02. 참조

명령을 하여야 합니다. 이에 사용자가 원직복직을 위해 출근을 명하였다면 근로자는 출근하여야 합니다.

출근하지 않을 때 무단결근 처리될 수 있고, '무노동 무임금'원칙에 따라 무급 처리됩니다. 또한, 징계사유에 해당하면 징계가 이루어질 수 있습니다.

Q7. ① 사직서를 반드시 제출하여야 하나요?, ② 만약 사직서를 제출하였는데 수리를 해주지 않으면 **'사직서 효력발생일'**은 어떻게 되나요? ★

A.

① 반드시 사직서를 제출해야 한다는 법률상 규정은 없습니다. 다만, 추후의 퇴직금 산정사유 발생일, 퇴사일 등 법적 분쟁이 생길 수 있으니 사직서를 제출하여 분쟁이 없도록 예방하는 것이 바람직합니다.

② 사직서의 효력발생일은 **첫째,** 취업규칙이나 근로계약서 등에 계약 종료 시기에 관한 특약이 있다면 그에 따르면 됩니다. 다만, 해당 특약 내용이 법을 위반하여 근로자에게 불이익하다면 법을 따라야 합니다.

예를 들어, 취업규칙 등에 30일 전에 사직서를 제출해야 한다는 규정이 있다면 사직서 제출 후 30일이 지나면 퇴직의 효력이 발생합니다.

둘째, 특약이 없다면, 민법 제660조가 적용됩니다. 근로자가 사직서를 제출하였으나 사용자가 수리해 주고 있지 않다면 민법에 따라 1월이 경과하면 해지의 효력이 발생합니다. 다만, 제660조 제3항에 따라 기간으로 보수(임금)를 받는 월급제 근로자라면, 사용자가 퇴직의 의사표시를 통고받은 당기(當期) 후의 1임금지급기가 지난 때에 계약해지의 효력이 발생합니다.

예를 들어, 임금지급기가 매월 1일에서 말일까지일 때, 6월 15일에 근로자가 사용자에게 사직서를 제출하였다면, 당기 후의 1임금지급기(7/1~7/31)가 지난 8월 1일에 사직서의 효력이 발생합니다.

> 「**민법**」
>
> **제660조 (기간의 약정이 없는 고용의 해지통고)** ① 고용기간의 약정이 없는 때에는 당사자는 언제든지 계약해지의 통고를 할 수 있다.
> ② 전항의 경우에는 상대방이 해지의 통고를 받은 날로부터 1월이 경과하면 해지의 효력이 생긴다.
> ③ 기간으로 보수를 정한 때에는 상대방이 해지의 통고를 받은 당기후의 일기를 경과함으로써 해지의 효력이 생긴다.

Q8. 전 직장에서 '재직증명서'와 '원천징수영수증' 발급을 거부하고 있습니다. 대처방안이 궁금합니다.

A.

① '재직증명서'는 법 제39조 위반으로 노동청에 진정을 제기할

수 있습니다. 법 위반 시 500만원 이하의 과태료가 부과될 수 있습니다. 다만, 30일 이상 근무한 근로자로 퇴직 후 3년 이내 청구한 것에 한합니다.

② 사용자의 근로소득에 대한 '원천징수영수증' 발급 의무는 소득세법 제143조에 규정하고 있습니다. 따라서 관할 세무서에 방문하시어 도움을 받으시길 바랍니다.

Q9. 근로계약서와 연봉계약서로 따로 작성하였습니다. 연봉계약기간이 종료되면 근로관계도 종료되는 건가요?

A.

연봉계약기간이 종료된다고 근로관계도 자동종료되는 것은 아닙니다. 근로계약서에 명시된 근로계약기간을 먼저 확인하시길 바랍니다. 만약, 기간 정함이 없는 근로계약이거나 근로계약기간이 남아 있음에도 연봉계약기간 종료로 근로관계를 일방적으로 종료시킨다면 이는 해고로 보아야 합니다.

고용노동부에서도 연봉계약기간의 만료가 근로계약 종료를 의미하는 것은 아니라고 보고 있습니다.[4)]

4) 근기 68207-2328, 2000.08.03.

CHAPTER 02

해고 등

Q1. 사용자는 근로자를 아무 이유 없이 해고할 수 있나요? ★

A.

법 제23조 제1항은 사용자는 근로자에게 **정당한 이유 없이** 해고하지 못한다고 규정하고 있습니다.

> **「근로기준법」**
>
> **제23조 (해고 등의 제한)** ① 사용자는 근로자에게 정당한 이유 없이 해고, 휴직, 정직, 전직, 감봉, 그 밖의 징벌(懲罰)(이하 "부당해고등"이라 한다)을 하지 못한다.

다만, 이 규정은 상시 근로자 수가 **5인 이상 사업장에 적용**되는 것으로, 5인 미만 사업장에서 사용자가 근로자를 아무 이유 없이 해고하였을 경우 법 제23조 제1항을 근거로 노동위원회에 부당해고 구제신청을 할 수 없습니다.

Q2. 취업규칙의 해고 사유로 해고될 경우, 부당해고를 다툴 수 없나요?

A.

아닙니다. 취업규칙에 명시된 해고 사유라고 하여 법 제23조 제1항의 '정당한 이유'가 있는 것은 아닙니다. 그러므로, 상시 근로자 5인 이상 사업장이라면, 노동위원회에 부당해고 구제신청을 하여 정당성을 다툴 수 있습니다.

Q3. 부당하게 다른 근무지로 발령받았을 경우, 어떻게 대처해야 할까요?

A.

상시 근로자 수가 **5인 이상**인 사업(장)이라면, 법 제23조 제1항 위반으로 **노동위원회**에 **구제신청**을 하시길 바랍니다.

인사발령이 인사권자인 사용자의 고유권한에 속할지라도, 법 위반 및 권리남용이 있을 경우까지 인정되는 것은 아니므로 발령의 정당성을 노동위원회에서 판단 받을 수 있습니다.

구제신청 준비 시, 근무지 약정이 성립되어 있는지 검토하여야 합니다. **첫째**, 채용 당시 공고문이나 근로계약서를 확인합니다. 근무지에 대한 **명시적 약정**이 있는지 확인하기 위함입니다. 명시적인 약정이 있다면, '근로자의 동의' 없이 근무지 변경을 할 수 없습니다.

둘째, 명시적 약정이 없다면, **묵시적 동의 사정**이 있는지 검토합니다. 대법원(92다893)에서 사업장 인근 지역의 연고 전제로 채용된 경우, 묵시적 약정이 있다고 판단한 사례가 있습니다. 묵시적 동의가 있다면, 이 또한 근로조건 변경이므로 '근로자의 동의'가 필요합니다.

마지막으로, 위의 검토에 따라 명시적 · 묵시적 동의가 없다면, 다른 근무지 **발령의 정당성**을 따져볼 수 있습니다. 즉, 인사권자인 사용자의 **업무상 필요성과 근로자의 불이익을 비교교량**하는 것입니다. 판례에서[1] ① '업무상 필요성'을 판단할 때, 업무의 원활하고 효율적인 운영을 위해 인원 배치를 변경할 필요성이 있는지, 그 변경 인원 선택의 합리성을 봅니다. ② '근로자의 불이익'에서는 근로조건의 불이익뿐만 아니라, 가족 사회생활 등 근로조건 외의 불이익, 근로자와의 협의 등 신의칙상 절차를 거쳤는지도 함께 판단합니다. 여기서 근로조건 외의 불이익이 통상 감수하여야 할 정도를 현저하게 벗어난 것이 아니라면, 정당한 인사권의 범위 내에 속하는 것으로 봅니다.

따라서 근무지 변경에 따라 수행하는 업무의 내용과 중요성 및 긴박성, 기존 업무수행자 여부 등을 입증할 수 있는 자료를 준비하시는 것이 필요합니다.

Q4. ① 업무상 부상으로 요양 중인 근로자를 해고할 수 없나요?, ② 산재로 요양 중인 근로자가 사직서를 제출하였습니다. 법적으로 문제없나요?

1) 대법원 93다47677, 1994.05.10., 2010두20447, 2013.02.28.

A.

① 법 제23조 제2항은 업무상 부상 또는 질병의 요양을 위하여 휴업한 기간과 그 후 30일 동안은 해고를 금지하고 있습니다. 이는 노동력을 상실한 근로자를 보호하기 위한 규정입니다. 다만, 사용자가 법 제84조에 따라 일시보상을 하였을 경우나 사업을 계속할 수 없게 된 경우에는 적용 제외됩니다.

② 산재로 인한 요양 기간 및 그 후 30일 동안 사용자가 근로자의 의사에 반하여 근로관계를 종료시키는 '해고'를 금지하고 있지만, 근로자의 자진 퇴사를 금지하고 있는 것은 아닙니다. 따라서, 근로자는 산재요양 중이라도 자유롭게 퇴사하고자 사직서를 제출할 수 있으므로 법적으로 문제 될 것은 없습니다.

Q5. 산재요양기간 중, 정년에 도달하여 근로관계가 종료된 경우 법 제23조 제2항 위반 아닌가요?

A.

아닙니다. 근로계약서나 취업규칙 등에 의하여 정년에 도달하여 근로관계가 종료되는 것은 **자동종료 사유**이므로, 법 제23조 제2항이 제한하는 해고가 아닙니다.[2)]

다만, 정년의 정함이 없음에도 불구하고, 법적 기준의 만 60세 도달하여 근로관계가 종료된다고 하는 것은 해고에 해당할 것이며,

2) 근로기준과-3806, 2004.07.26.

이는 법 제23조 제2항의 위반이 될 수 있습니다.

Q6. 산재 승인 전에 해고한 경우에도 사용자는 법 위반으로 처벌받을 수 있나요?

A.

<업무상 재해>란 업무상의 사유로 따른 근로자의 부상 · 질병 · 장해 또는 사망을 말합니다(산재보험법 제5조). 업무상 재해로 인정받기 위해서는 '업무수행성'과 '업무기인성'이 인정되어야 합니다(동법 제37조).[3]

또한, 근로기준법 위반으로 형사책임 여부 판단 시 '고의성'이 중요요건이 되는 경우가 대부분입니다.[4] 그러므로, 사업주가 근로자를 해고할 당시 산재 해당 여부를 알 수 없어 해고한 경우라면 법 위반의 고의성이 있다고 볼 수 없어 처벌로 이어지기 어렵습니다.

---

3) 또한, 소극적 요건으로 고의 · 자해행위나 범죄행위 등이 부존재하여야 합니다. 한편, 업무상 질병의 경우, 업무수행성 없이 업무기인성으로만 인정될 수도 있습니다.

4) 형법 제13조 (고의) 죄의 성립요소인 사실을 인식하지 못한 행위는 벌하지 아니한다. 다만, 법률에 특별한 규정이 있는 경우에만 처벌한다.

CHAPTER 03

해고예고(수당)

Q1. 해고예고를 적법하게 하면 정당한 해고인가요?

A.

해고예고규정(법 제26조)과 해고의 정당성 규정(법 제23조 제1항)은 **별개의 규정**입니다. 즉, 해고의 정당성 여부는 따로 판단되어야 합니다. 해고예고규정을 준수하였다고 할지라도, 정당한 해고가 되는 것은 아닙니다.

Q2. ① '해고'와 '권고사직'의 차이는 무엇입니까?, ② 권고사직인 경우에도 해고예고수당을 받을 수 있나요? ★

A.

① **<해고>**란 **근로자 의사에 반하여 사용자의 일방적 의사로 근로계약을 종료**시키는 것입니다. 반면, **<권고사직>**은 **합의 해지**의 한 종류로 쌍방의 합의로 근로계약을 종료시키는 것입니다.

② 권고사직은 해고와는 구별되는 것으로, 해고일 경우에만 해고예고수당 규정(법 제26조)이 적용됩니다. 따라서 권고사직이라면 해고예고수당 규정이 적용되지 않습니다.

다만, 권고사직이 형식에 불과하고 실질이 해고에 해당한다면, 30

일 전에 예고하여야 할 것이고, 이를 준수하지 않았다면 30일분의 통상임금에 해당하는 해고예고수당을 받을 수 있을 것입니다.[1)]

Q3. '후임자가 구해질 때까지(또는 인수인계할 때까지)'만 일하고 그만두라고 해고예고를 받았습니다. 적법한 해고예고를 하였다고 볼 수 있나요?

A.

해고예고의 취지[2)]와 판례[3)]에 비추어 볼 때, 사용자는 **특정일**을 해고일로 정하여 근로자에게 통보하여야 합니다. 질의와 같이 불확정 기한을 붙여서 한 해고예고는 적법하게 이루어졌다고 볼 수 없습니다.

해고예고는 특별한 형식이 필요하지 않을지라도 일정 시점을 특정하여 30일 전에 하여야 하고, 이를 준수하지 못하였을 경우에는 해고예고수당을 지급하여야 합니다.[4)]

1) 30일의 통상임금은 1개월 월급이 아님을 유의하여 주세요.

2) 근로자가 해고에 대비하여 직장을 구할 수 있는 시간적, 경제적 여유를 부여하고자 하는 것입니다.

3) 대법원 2009도13833, 2010.04.15.

4) 사용자는 ① 해고예고 의무를 이행하거나, ② 해고예고수당을 지급하면 되는 것이지 둘 다 이행해야 하는 것은 아닙니다.

Q4. 근무한 지 7일 되던 날, 사용자가 오늘부터 나오지 말라고 하였습니다. 해고예고수당을 받을 수 있나요? ★

A.

해고예고 규정은 다음 사유에 해당할 경우 **적용 제외**됩니다. ① 계속 근로한 기간이 **3개월 미만**인 경우, ② 천재·사변, 그 밖의 부득이한 사유로 사업을 계속하는 것이 불가능한 경우, ③ 근로자가 고의로 사업에 막대한 지장을 초래하거나 재산상 손해를 끼친 경우로서 고용노동부령[5]으로 정하는 사유에 해당하는 경우입니다(법 제26조).

질의의 경우, 계속 근로한 기간이 3개월 미만이므로 해고예고수당을 받을 수 없습니다.

Q5. 해고예고 예외 사유인 '계속 근로한 기간이 3개월 미만' 여부의 판단 방법이 궁금합니다.

A.

예시를 들어 살펴보겠습니다. 2024년 5월 1일에 입사(근로계약 시작)하였다면, 7월 31일까지는 근로를 제공하여야 계속근로기간이 3개월 이상이 되어 해고예고 규정이 적용됩니다. 반면, 7월 30일까지만 근로를 제공하였다면, 3개월 미만이 됩니다.[6]

5) 근로기준법 시행규칙 [별표 1] 참조

6) 근로기준정책과-1330, 2021.05.04. 참조

한편, 고용노동부 행정해석에 비추어 볼 때,[7] 7월 31일 당일 일부 시간만 근로를 제공하였더라도 해고예고 적용 대상이 됩니다.

Q6. 회사에서 불황으로 폐업할 예정이라고 오늘까지만 일하고 그만두라고 하였습니다. 해고예고수당을 청구할 수 있을까요?

A.

법 제26조에서 아래와 같이 해고예고 적용 제외 규정을 두고 있습니다.

> **「근로기준법」**
>
> **제26조(해고의 예고)** 사용자는 근로자를 해고(경영상 이유에 의한 해고를 포함한다)하려면 적어도 30일 전에 예고를 하여야 하고, 30일 전에 예고를 하지 아니하였을 때에는 30일분 이상의 통상임금을 지급하여야 한다. 다만, 다음 각 호의 어느 하나에 해당하는 경우에는 그러하지 아니하다.
>
> 1. 근로자가 계속 근로한 기간이 3개월 미만인 경우
> 2. **천재 · 사변, 그 밖의 부득이한 사유로 사업을 계속하는 것이 불가능한 경우**
> 3. 근로자가 고의로 사업에 막대한 지장을 초래하거나 재산상 손해를 끼친 경우로서 고용노동부령으로 정하는 사유에 해당하는 경우

7) 근로기준정책과-1254, 2023.04.13.

질의의 경우, 회사의 불황으로 폐업하는 사정이 **'천재 · 사변, 그 밖의 부득이한 사유로 사업을 계속하는 것이 불가능한 경우'인지 판단**되어야 합니다.

고용노동부에 따르면,[8] 천재 · 사변에 준하는 정도의 돌발적이고 불가항력적인 사유로서 사업의 경영자에게 그 책임을 물을 수 없는 경우를 말합니다. 따라서 단순한 불황이나 사업 경영상의 어려움으로 폐업이 예정된 것은 사전에 어느 정도 예측할 수 있으므로 해고예고수당을 청구할 수 있습니다.

한편, 부도, 사실상 도산의 상태가 천재 · 사변에 준하는 정도로 돌발적이고 불가항력적이었다는 것은 **사용주에게 입증책임**이 있습니다.

Q7. 근로계약 기간만료 시에도 30일 전에 해고예고를 하여야 하나요?

A.

기간제 근로계약 기간만료는 자동종료 사유이기 때문에, 원칙적으로 해고예고 규정이 적용되지 않습니다.[9]

한편, 갱신기대권[10]이 인정되는 경우, 갱신거절에 합리적인 이유가 없다면 해고에 해당하고, 해고예고 규정이 준수되어야 합니다.

8) 근로기준과-4372, 2005.08.22.
9) 근로개선정책과-3232, 2013.05.31., 대법원 2021두45114, 2021.10.28.
10) 대법원 2009두5374, 2011.07.28.

Q8. 해고예고를 29일 전에 하는 경우, 1일 치에 대한 통상임금을 해고예고수당으로 지급하면 되나요?

A.

아닙니다. 30일에 미치지 못한다면, 30일분의 통상임금을 해고예고수당으로 지급하여야 합니다.

Q9. 해고예고는 적어도 30일 전에 하여야 한다고 알고 있습니다. 30일 전 계산방법이 궁금합니다.

A.

해고예고기간은 민법 일반원칙에 따라 **초일 불산입하여 역일로** 계산하면 됩니다. 예를 들어, 해고일이 2024.02.29.이라면, 적어도 2024.01.29.에는 해고예고를 하여야 합니다.

1/29	1/30	1/31	2/1	2/2	2/3	2/4
해고예고 통보 도달일	30일 전	29일 전	28일 전	27일 전	26일 전	25일 전
2/5	**2/6**	**2/7**	**2/8**	**2/9**	**2/10**	**2/11**
24일 전	23일 전	22일 전	21일 전	20일 전	19일 전	18일 전
2/12	**2/13**	**2/14**	**2/15**	**2/16**	**2/17**	**2/18**
17일 전	16일 전	15일 전	14일 전	13일 전	12일 전	11일 전
2/19	**2/20**	**2/21**	**2/22**	**2/23**	**2/24**	**2/25**
10일 전	9일 전	8일 전	7일 전	6일 전	5일 전	4일 전
2/26	**2/27**	**2/28**	**2/29**	**3/1**	**3/2**	**3/3**
3일 전	2일 전	1일 전	**해고일**			

Q10. 사직예정일이 도래하기 전, 사용자가 일방적으로 일정을 앞당겨 퇴직 처리를 하는 경우 해고예고규정이 적용되나요?

A.

네, 고용노동부에 따르면,[11] 근로자가 사직서를 제출하였더라도 사용자가 그 사직예정일이 도래하기 전임에도 근로자 의사에 반하여 일방적으로 근로관계를 종료하는 것은 '해고'이므로, 해고예고규정이 적용됩니다.

[case study : 해고예고]

1. 주요 사실관계
- 2025.2.3. 사업주가 경영악화로 해당 근로자에게 2025.4.30.까지 근무할 것을 통보함
- 2025.3.6. 사업주는 당초 예정된 해고일을 앞당기겠다며 해고통보해준 날부터 30일이 지났으니 내일부터 나오지 말라고 해고일 변경을 통보함

2. 사안의 경우

사안에서 해고통보는 각각 존재하는 것으로 보는 것이 타당합니다. ① 2025.2.3.한 해고예고통보는 해고일 30일전에 한 것으로 문제가 없을지라도, ② 2025.3.6. 근로자의 동의가 없는 한 이미 한 해고통보를 사업주가 일방적으로 변경할 수 없으므로, 새로운 해고예고가 있다고 보아야 합니다. 따라서 2번째 해고예고통보는 30일 전을 준수하지 못하였으므로 해고예고수당을 지급하여야 합니다.

11) 근로기준정책과-5016, 2018.07.31.

PART

05

여성과 소년

CHAPTER 01

여성근로자

Q1. 회사에서 육아휴직 거부 시, 휴직 개시예정일부터 휴직에 들어가면 되나요? ★

A.

그렇지 않습니다. 육아휴직 개시예정일 30일 전에 남녀고용평등법 시행령 제11조에 따라서 적법하게 육아휴직을 신청하였다고 하여 개시예정일에 휴직이 자동으로 시작되는 것은 아닙니다. 따라서, 회사에서 육아휴직을 승인해주지 않는다면, 관할 노동청에 신고하여 권리구제를 받으시길 바랍니다.[1)]

향후 권리구제에 문제가 없기 위해서는 구두로만 육아휴직 신청을 하지 마시고, 아래의 법령에 따라 **기재 사항**을 적은 **서면**을 사업주에게 제출하시길 바랍니다. 참고로, 사업주는 육아휴직 개시예정일 전날까지 해당 사업에서 계속 근로한 기간이 6개월 미만인 경우에만 거부할 수 있습니다.[2)]

1) 사용주가 적법하게 신청된 육아휴직을 허용하지 아니할 시 500만원 이하 벌금이 부과될 수 있습니다(남녀고용평등법 제37조 제4항). 또한, 기존에는 근로자가 법정절차에 따라 육아휴직을 신청하였고, 사용자가 그 사실을 알고 있으나 별다른 의사표시를 하지 않았을 때는 묵시적으로 승인한 것으로 보았으나, '24.12.24.(시행일: '25.02.23.) 남녀고용평등법 시행령 제11조 제5항이 신설되어 입법적으로 해결되었습니다. 따라서 근로자가 신청한 대로 육아휴직에 들어가면 됩니다.

2) 남녀고용평등법 시행령 제10조.

「**남녀고용평등법 시행령**」

제11조(육아휴직의 신청 등) ① 법 제19조제1항 본문에 따라 육아휴직을 신청하려는 근로자는 **휴직개시예정일의 30일 전까지 신청서**에 다음 **각 호의 사항을 적어 사업주에게 제출**해야 한다.

1. **신청인의 성명, 생년월일** 등 인적사항
2. **육아휴직 대상인 영유아의 성명 · 생년월일**(임신 중인 여성 근로자가 육아휴직을 신청하는 경우에는 영유아의 성명을 적지 않으며, 생년월일 대신 출산 예정일을 적어야 한다)
3. **휴직개시예정일**
4. 육아휴직을 **종료하려는 날**(이하 "휴직종료예정일"이라 한다)
5. **육아휴직 신청 연월일**

② 제1항에도 불구하고 다음 각 호의 어느 하나에 해당하는 경우에는 휴직개시예정일 7일 전까지 육아휴직을 신청할 수 있다.

1. 임신 중인 여성 근로자에게 유산 또는 사산의 위험이 있는 경우
2. 출산 예정일 이전에 자녀가 출생한 경우
3. 배우자의 사망, 부상, 질병 또는 신체적 · 정신적 장애나 배우자와의 이혼 등으로 해당 영유아를 양육하기 곤란한 경우

③ 사업주는 근로자가 제1항에 따른 기한이 지난 뒤에 육아휴직을 신청한 경우에는 그 신청일부터 30일 이내에, 제2항에 따른 기한이 지난 뒤에 육아휴직을 신청한 경우에는 그 신청일부터 7일 이내에 육아휴직 개시일을 지정하여 육아휴직을 허용하여야 한다.

④ 사업주는 제1항 또는 제2항에 따라 육아휴직을 신청한 근로자에게 임신 중인 사실을 증명할 수 있는 서류나 해당 자녀의 출생 등을 증명할 수 있는 서류의 제출을 요구할 수 있다.

> ⑤ 사업주가 제4항 후단에 따른 기간 이내에 근로자에게 육아휴직을 허용한다는 사실을 알리지 않은 경우에는 근로자가 육아휴직을 신청한 대로 육아휴직을 허용한 것으로 본다. **(신설)**

Q2. 기존에 신청하였던 '육아휴직을 종료하려는 날'보다 일찍 복직하고자 요청하였으나 사업주가 거부하였습니다. 사업주는 근로자가 요청하면 복직시켜줘야 하는 거 아닌가요?

A.

아닙니다. 남녀고용평등법 시행령 제14조에서는 육아휴직의 종료 사유를 정하고 있습니다. 그러므로, 근로자가 법령에 기재된 사유 외의 이유로 조기 복직을 신청한다고 하여 사업주에게 승인 의무를 부담시킬 수 없습니다.[3] 따라서 사업주가 승인해주지 않는다면 기존에 신청하였던 육아휴직 종료일에 복직하여야 합니다.

• 육아휴직 종료 사유(남녀고용평등법 시행령 제14조)	
임신 중인 여성 근로자가 육아휴직 중인 경우	• 유산 또는 사산
만 8세 이하 또는 초등학교 2학년 이하의 자녀를 양육하는 경우 (입양자녀 포함)	• 해당 영유아의 사망 • 해당 영유아와 동거하지 않고 영유아의 양육에도 기여하지 않게 된 경우

3) 여성고용정책과-342, 2015.01.27.

Q3. ① 근로자가 청구하면 생리휴가를 꼭 주어야 하나요?, ② 생리휴가를 유급으로 처리해야 하나요? 무급으로 처리해야 하나요?

A.

① 법 제73조에 따라 사용자는 여성 근로자가 청구하면 월 1일의 생리휴가를 반드시 주어야 합니다. 이를 위반할 시 500만원 이하의 벌금(양벌규정)이 부과될 수 있습니다.

② 이전에는 생리휴가를 무급으로 처리할 수 없었으나 2004.07.01.부터 개정법이 적용되어 월 1일 당일에 대한 임금을 무급 처리할 수 있습니다. 주의할 점은 생리휴가 1일을 결근으로 보아 주휴수당까지 공제할 수 없습니다. 또한, 단체협약, 취업규칙 등을 통하여 유급 처리로 운영할 수도 있습니다.

Q4. ① 2자녀에 대하여 또는 연년생으로 육아휴직을 사용하고자 할 때, 연달아 사용할 수 있나요?, ② (연달아 사용 가능하다면) 복직을 중간에 꼭 하여야 하나요?

A.

① 육아휴직은 한 자녀당 법정 휴직기간 사용이 가능하므로, 2자녀에 대한 각각의 육아휴직을 연달아 사용 가능합니다. ② 또한, 연달아 사용할 때 중간에 꼭 회사로 복직할 필요는 없습니다.

Q5. 1일 소정근로시간 8시간 근로자인데, 1일 2시간 단축하여 1일 6시간으로 임신기 근로시간 단축 중입니다. 특정일에 사용자와 합의 하에 1시간 더 근무하였습니다(특정일 총 7시간 근무).

① 법 제74조 제5항에 따른 시간외근로 금지 위반이 될 수 있나요?, ② 특정일 1일 7시간을 일한 것인데 1시간에 대한 연장근로수당을 청구할 수 있나요?

A.

① 법 제74조 제5항에서 임신 중인 여성 근로자의 시간외근로를 금지하고 있습니다. 여기서 '시간외근로' 판단 시 기준이 되는 근로시간은 **법정근로시간**입니다.[4] 따라서, 질의의 경우처럼 법정근로시간 내에서 특정일에 단축 6시간을 초과한 근로에 대해서 법 제74조 제5항의 위반이 되지는 않습니다. 다만, 동법 제74조 제7항 임신기 근로시간 단축 허용 위반이 되어, 500만원 이하 과태료가 부과될 수 있습니다.

한편, 고용노동부에 따르면,[5] 사업장의 불가피한 사정으로 사용자와 근로자가 합의하여 일 8시간은 초과하지 않는 범위 내에서 주 30시간이 넘지 않도록 조정하여 운영하는 것은 가능하므로, 이 경우까지 법 제74조 제7항 위반으로 보기 어려울 것으로 사료됩니다.

4) 법제처 22-0186, 2022.04.26.

5) 여성고용정책과-3874, 2020.10.12., 여성고용정책과-46, 2017.01.02.

「근로기준법」

제74조(임산부의 보호) ⑤ 사용자는 **임신 중**의 여성 근로자에게 **시간외근로**를 하게 하여서는 아니 되며, 그 근로자의 요구가 있는 경우에는 쉬운 종류의 근로로 전환하여야 한다.
⑥ 사업주는 제1항에 따른 출산전후휴가 종료 후에는 휴가 전과 동일한 업무 또는 동등한 수준의 임금을 지급하는 직무에 복귀시켜야 한다.
⑦ 사용자는 임신 후 12주 이내 또는 36주 이후에 있는 여성 근로자가 1일 2시간의 근로시간 단축을 신청하는 경우 이를 허용하여야 한다. 다만, 1일 근로시간이 8시간 미만인 근로자에 대하여는 1일 근로시간이 6시간이 되도록 근로시간 단축을 허용할 수 있다.
⑧ 사용자는 제7항에 따른 근로시간 단축을 이유로 해당 근로자의 임금을 삭감하여서는 아니 된다.

② 1일 6시간으로 임신기 근로시간 단축 중, 특정일에 6시간을 초과하여 1시간을 더 일했더라도, 당초 소정근로시간인 1일 8시간을 초과하지 않는다면, 시간외근로로 보지 않습니다.

또한, 법 제74조 제8항에 따라 임신기 근로시간 단축의 이유로 해당 근로자의 임금을 삭감하지 않고 기존의 동일한 임금이 보장되고 있으므로, 추가 연장근로수당을 청구할 수 없습니다.

Q6. 육아휴직 종료 후, 곧바로 퇴사하였습니다. 회사 측에서는 연차촉진제도를 운영하고 있기에 육아휴직기간 동안 쓰지 못한 연차를 수당으로 지급할 수 없다고 합니다. 맞는 건가요?

A.

회사 측의 주장은 맞지 않습니다. 육아휴직으로 사용하지 못한 연차휴가는 사용촉진대상이 되지 않습니다. 참고로, 회사에서 연차촉진제도를 선택하여 운영하고 있더라도, 법 제61조의 요건(서면통보, 통보일 등)을 충족하지 못한 경우에는 사용자의 연차보상의무가 면제되지 않습니다.

Q7. 다른 회사에서 육아휴직 1년을 사용하였습니다. 이직한 새로운 회사에서도 육아휴직을 사용할 수 있나요?

A.

'24. 7월 현행법 기준으로 원칙적으로 1자녀당 1년의 육아휴직을 사용할 수 있습니다. 다른 회사에서 육아휴직을 1년 사용하였다면, 이직한 새로운 회사에서 동일 자녀로 법정 육아휴직을 다시 신청하여 사용할 수 없습니다.

다만, 사용자와 근로자의 합의로 재량적으로 실시하는 육아휴직은 가능합니다. 즉, 사용자는 다른 회사에서 육아휴직을 모두 사용한 근로자가 육아휴직을 신청하여도 허용해주어야 하는 법적 의무가 없습니다.

한편, 아래의 '25.02.23. 시행 법령 기준으로, 전 직장에서 육아휴직 1년을 사용하였더라도 6개월 연장 사유가 있다면 육아휴직을 부여하여야 합니다.

> **「남녀고용평등법」**
>
> 제19조(육아휴직) ② 육아휴직의 기간은 1년 이내로 한다. 다만, 다음 각 호의 어느 하나에 해당하는 근로자의 경우 6개월 이내에서 추가로 육아휴직을 사용할 수 있다.
>
> **1. 같은 자녀를 대상으로 부모가 모두 육아휴직을 각각 3개월 이상 사용한 경우의 부 또는 모 (신설)**
>
> **2. 「한부모가족지원법」 제4조제1호의 부 또는 모 (신설)**
>
> **3. 고용노동부령으로 정하는 장애아동의 부 또는 모 (신설)**

Q8. 출산전후휴가(또는 육아휴직) 중 기간제 근로계약기간이 만료될 경우, 휴가 · 휴직은 이어지나요?

A.

근로계약기간의 만료는 자동종료사유로, 사용자의 법상 출산전후휴가 또는 육아휴직 부여 의무도 종료됩니다. 따라서, 출산전후휴가 또는 육아휴직 중 근로계약기간이 만료되는 동시에 해당 휴가·휴직도 종료됩니다.[6]

6) 여성고용과-2112. 2010.06.14.

Q9. 입사한 지 한 달도 안 된 직원이 출산전후휴가를 신청하는데 거부할 수 없나요?

A.

출산전후휴가는 강행규정으로, 법상 거부할 수 있는 예외 사유가 존재하지 않습니다. 그러므로, 입사한 지 한 달이 안 되었다고 해도 근로자에게 출산전후휴가를 부여하여야 합니다.

Q10. 출산전후휴가를 신청하였는데 출산이 예정일보다 늦어져서 출산 후 45일 이상이 되지 않을 경우 어떻게 해야 하나요?

A.

법 제74조 제1항에서 출산전후휴가기간을 출산 후 45일(다태아 60일) 이상이 되도록 규정하고 있으므로, 출산이 예정일보다 늦어졌더라도 출산 후 45일 이상이 되도록 휴가기간을 연장하여 부여해야 합니다. 사업장에서는 90일(다태아 120일)을 초과하는 휴가기간에 대하여는 무급으로 처리할 수 있습니다.[7)]

Q11. ① 근로자가 출산전후휴가를 신청하지 않았으면 부여하지 않아도 되나요?, ② 근로자가 출산전후휴가를 줄 필요 없다고 합니다. 출산전후휴가를 주지 않아도 문제없나요?

7) 부소 68240-203, 1997.09.11.

A.

① 출산전후휴가는 근로자의 신청과 관계없이 법상 부여되는 휴가이므로, 근로자의 신청이 없더라도 출산일부터 휴가를 부여하여야 합니다. 위반 시 2년 이하의 징역 또는 2천만원 이하의 벌금이 부과될 수 있습니다(법 제110조).

② 고용노동부에 따르면,[8] 출산전후휴가는 근로자의 권리포기가 인정되지 않습니다. 그러므로, 근로자가 출산전후휴가를 줄 필요 없다고 하여 미부여하였다면 법 위반이 됩니다.

Q12. ① 생후 1년 미만의 유아가 2명 이상일 경우, 각 유아별로 유급 수유 시간을 받을 수 있나요?, ② 수유를 위한 유축시간도 육아 시간으로 청구할 수 있나요?

A.

① 법 제75조에서 생후 1년 미만의 유아를 가진 여성 근로자가 청구하면 1일 2회 각각 30분 이상의 유급 수유 시간을 주도록 규정하고 있습니다. 이 유급 수유시간은 각 유아별로 부여되는 것은 아닙니다.

② 네. 고용노동부에 따르면,[9] 수유시간은 아이에게 직접 모유수유 뿐만아니라 분유(우유) 수유를 위한 유축시간도 포함하므로, 육

8) 평정 68240-277, 2002.12.04.

9) 여성고용정책과-5156, 2018.12.11.

아 시간으로 사용자에게 청구할 수 있습니다. 사용자가 육아 시간을 부여하지 않는다면, 5인 이상 사업(장)일 경우 2년 이하의 징역 또는 2천만원 이하 벌금이 부과될 수 있습니다.

CHAPTER 02

연소근로자

Q1. 청소년에게도 근로기준법이 적용되나요?

A.

네. 청소년에게도 근로기준법을 비롯한 노동관계 법령이 동일하게 적용됩니다.

Q2. 미성년자와 연소자는 같은 개념인가요?

A.

<미성년자>는 19세 미만인 자를 말하며, <연소자>란 18세 미만인 자를 의미합니다. 한편, 청소년보호법에서 <청소년>은 만 19세 미만인 자로 정의하고 있습니다.

「민법」	「청소년보호법」	「근로기준법」
제4조(성년) 사람은 **19세**로 성년에 이르게 된다.	**제2조(정의)** 이 법에서 사용하는 용어의 뜻은 다음과 같다. 1. "청소년"이란 **만 19세 미만**인 사람을 말한다. 다만, 만 19세가 되는	**제66조(연소자 증명서)** 사용자는 **18세 미만**인 사람에 대하여는 그 연령을 증명하는 가족관계기록사항에 관한 증명서와 친권자 또는 후견인의 동의서를

	해의 1월 1일을 맞이한 사람은 제외한다.	사업장에 갖추어 두어야 한다.

Q3. 연소근로자의 법정근로시간과 연장근로시간은 어떻게 되나요?

A.

연소근로자의 법정근로시간은 1일에 7시간, 1주에 35시간이며, 연장근로는 당사자 사이의 합의에 따라 1일에 1시간, 1주에 5시간 한도에서 가능합니다(법 제69조).

Q4. 고용 가능한 청소년의 나이가 궁금합니다.

A.

근로기준법에 따르면, 15세 이상인 자부터 고용할 수 있습니다.[1)]

다만, 13세 이상 15세 미만 청소년은 관할 지방고용노동관서의 장이 발급한 취직인허증을 발급받아야 고용할 수 있습니다.[2)] 위반 시 2년 이하 징역 또는 2천만원 이하 벌금이 부과될 수 있습니다.

1) 15세 미만(「초·중등교육법」에 따른 중학교에 재학 중인 18세 미만인 사람 포함)은 고용할 수 없습니다.

2) 예술공연 참가를 위한 경우에는 13세 미만인 사람도 취직인허증을 받을 수 있습니다(시행령 제35조 제1항).

Q5. 청소년 고용 시 비치 서류 알려주세요.

A.

15세 이상 18세 미만인 청소년이라면, ① 그 연령을 증명하는 **가족관계기록사항에 관한 증명서**, ② 친권자 또는 후견인의 **동의서**를 비치하여야 합니다(법 제66조).

또한, 13세 이상 15세 미만의 청소년인 경우, 고용노동부령으로 정하는 **취직인허증**을 비치하면 됩니다. 취직인허증을 비치해 둔 경우 법 제66조의 비치서류를 갖추어 둔 것으로 봅니다.

Q6. 연소근로자의 임금을 친권자에게 지급하여도 되나요?

A.

연소근로자일지라도 **법 제43조**에 따라 **근로자 본인에게 직접** 지급하여야 합니다.

Q7. 친권자가 연소근로자의 근로계약을 대신 체결할 수 있나요?

A.

법 제67조 제1항에 따르면, 근로계약은 **연소근로자가 직접 체결**하여야 하며, 친권자가 대신하여 근로계약을 체결할 수 없습니다. 다만, 근로계약이 연소근로자에게 불리한 경우, 친권자, 후견인 또는 고용노동부 장관은 이를 해지할 수 있습니다(법 제67조 제2항).

한편, 사용자는 18세 미만인 사람과 근로계약을 체결하는 경우, 법 제17조 제2항뿐만 아니라 동법 제1항 명시 사항도 서면으로 명시해 교부하여야 합니다.

Q8. 연소근로자(18세 미만) 고용이 금지되는 업무는 어떻게 되나요?

A.

법 제40조 및 시행령 [별표4]에 따라 연소근로자 고용이 금지되는 업무는 다음과 같습니다.

1. 「건설기계관리법」, 「도로교통법」 등에서 18세 미만인 자에 대하여 운전·조종면허 취득을 제한하고 있는 직종 또는 업종의 운전·조종업무(이륜차를 이용하는 배달 업무는 가능)
2. 「청소년보호법」 등 다른 법률에서 18세 미만인 청소년의 고용이나 출입을 금지하고 있는 직종이나 업종
3. 교도소 또는 정신병원에서의 업무
4. 소각 또는 도살의 업무
5. 유류를 취급하는 업무(주유업무는 가능)
6. 2-브로모프로판을 취급하거나 2-브로모프로판에 노출될 수있는 업무
7. 18세 미만인 자의 안전 및 보건과 밀접한 관련이 있는 업무로서 고용노동부령으로 정하는 업무

8. 그 밖에 고용노동부장관이 산업재해보상보험및예방심의위원회의 심의를 거쳐 지정하여 고시하는 업무

노동청 노무사가 알려주는 근로기준법 실무 Q&A

PART

06

직장 내 괴롭힘

Q1. 카톡 메신저를 통한 괴롭힘도 직장 내 괴롭힘으로 인정될 수 있을까요?, 직장 내 괴롭힘 성립 요건은 어떻게 되나요? ★

A.

직장 내 괴롭힘이 성립되기 위해서 반드시 사업장 內에서 괴롭힘의 행위가 있어야 하는 것은 아닙니다.

출장지 이동 중이나 회식 장소, SNS 등에서 발생한 경우에도 다음의 요건을 **모두 충족**할 경우 직장 내 괴롭힘으로 인정될 수 있습니다. 요건은 다음과 같습니다. ① **직장에서 지위 또는 관계 등의 우위**를 이용할 것, ② **업무상 적정범위를 넘은 행위**일 것, ③ **신체적, 정신적 고통**을 주거나 **근무환경을 악화시키는 행위**일 것입니다. 이 중 하나라도 충족이 되지 않는다면 직장 내 괴롭힘이 성립되지 않습니다.

또한, **일반적이고 평균적인 사람의 입장**에서 신체적, 정신적 고통 또는 근무환경을 악화시키는 행위가 존재하고, 그 행위로 말미암아 신체적, 정신적 고통 또는 근무환경 악화시키는 결과가 발생했을 것으로 인정되어야 합니다.

> **「근로기준법」**
>
> **제76조의2(직장 내 괴롭힘의 금지)** 사용자 또는 근로자는 직장에서의 지위 또는 관계 등의 우위를 이용하여 업무상 적정범위를 넘어 다른 근로자에게 신체적·정신적 고통을 주거나 근무환경을 악화시키는 행위(이하 "직장 내 괴롭힘"이라 한다)를 하여서는 아니 된다.

Q2. 원청과 하청 관계에서도 직장 내 괴롭힘으로 신고할 수 있나요?

A.

원청과 하청 관계는 같은 회사 소속이 아니므로, 직장 내에서의 지위 또는 관계 등의 우위에 있는 관계가 성립하지 않으므로, 원칙적으로 근로기준법상의 직장 내 괴롭힘을 신고할 수 없습니다.[1)]

다만, 원하청 관계가 불법 파견이라면,[2)] 직장 내 괴롭힘 신고를 할 수 있습니다.

Q3. 거래처 사장(또는 고객 등 제3자)이 폭언을 하여 업무의 어려움을 겪고 있습니다. 직장 내 괴롭힘 신고 가능할까요?

A.

제3자에 대해서는 근로기준법상 직장 내 괴롭힘 신고를 할 수 없습니다. 거래처 사장이나 고객 등 제3자는 '직장에서 지위 또는 관계 등의 우위'가 인정되는 관계가 아니기 때문입니다.

다만, **산업안전보건법 제41조**에 의거하여 근로자가 사업주에게 필요한 조치를 요구하였다면, 사업주는 고객 등 제3자의 폭언 등

1) PART 06. 직장 내 괴롭힘, Q3. 및 Q4. 함께 보시면 도움이 됩니다.

2) 파견 판단 기준(대법원 2010다106436): ① 제3자의 상당한 지휘·명령 여부, ② 제3자 사업에 실질적 편입 여부, ③ 원고용주의 인사노무 관련(선발·교육·작업시간·근무태도 등) 결정 권한 행사 여부, ④ 제3자 소속 근로자의 업무와 구별성 및 업무의 전문성·기술성 여부, ⑤ 원고용주의 독립적 기업조직·설비 구비 여부.

으로 근로자를 보호하기 위하여 필요한 조치를 하여야 합니다.[3] 이를 위반할 시 1천만원 이하 과태료가 부과될 수 있습니다. 필요한 조치가 이루어지지 않는다면 관할 노동청에 진정을 제기하실 수 있습니다.

> **「산업안전보건법」**
>
> **제41조(고객의 폭언 등으로 인한 건강장해 예방조치 등)** ① 사업주는 주로 고객을 직접 대면하거나 「정보통신망 이용촉진 및 정보보호 등에 관한 법률」 제2조제1항제1호에 따른 정보통신망을 통하여 상대하면서 상품을 판매하거나 서비스를 제공하는 업무에 종사하는 고객응대근로자에 대하여 고객의 폭언, 폭행, 그 밖에 적정 범위를 벗어난 신체적 · 정신적 고통을 유발하는 행위(이하 이 조에서 "폭언등"이라 한다)로 인한 건강장해를 예방하기 위하여 고용노동부령으로 정하는 바에 따라 필요한 조치를 하여야 한다.
>
> ② 사업주는 업무와 관련하여 **고객 등 제3자의 폭언등으로 근로자에게 건강장해가 발생하거나 발생할 현저한 우려가 있는 경우**에는 업무의 일시적 중단 또는 전환 등 대통령령으로 정하는 **필요한 조치**를 하여야 한다.
>
> ③ 근로자는 사업주에게 제2항에 따른 조치를 요구할 수 있고, 사업주는 근로자의 요구를 이유로 해고 또는 그 밖의 불리한 처우를 해서는 아니 된다.

3) ① 업무의 일시적 중단 또는 전환, ② 휴게시간의 연장, ③ 건강장해 관련 치료 및 상담 지원, ④ 고소, 고발 또는 손해배상청구 등을 하는 데 필요한 지원이 있습니다(산업안전보건법 시행령 제41조).

Q4. 파견근로자입니다. 사용사업장의 근로자가 반복적인 폭언과 부당한 업무지시를 하고 있습니다. 직장 내 괴롭힘 신고를 할 수 있나요?

A.

파견법 제34조 제1항 본문과 판례에 따르면,[4] 사용사업주도 파견근로자에 대하여 사용자로 보아 근로기준법이 적용되므로, 파견근로자는 직장 내 괴롭힘 신고를 할 수 있습니다.

Q5. 직장 내 괴롭힘이 있는 경우 바로 노동청에 신고하면 되나요? ★

A.

직장 내 괴롭힘 규정은 5인 미만 사업장에는 적용되지 않습니다. 따라서 상시 근로자 수가 5인 이상인 사업장의 근로자일 경우 노동청에서 직장 내 괴롭힘 신고를 할 수 있습니다.

① 한편, **직장 내 괴롭힘 행위자가 같은 근로자일 경우는 사내 신고를 먼저** 진행하셔야 합니다. 사내 신고를 하시면 법에 의거하여 사용자에게 조사 및 조치 등의 의무가 발생하고, 그 의무를 이행하지 않은 것 또는 적절하게 이행되지 않은 것에 대하여 사용자를 제재하고 있는 구조이기 때문입니다.

② 다만, **사용자**(배우자, 4촌 이내 혈족 인척 포함)가 직장 내 괴롭힘

4) 대법원 2011다60247, 2013.11.28.

행위자일 경우, 노동청에 **바로 신고**할 수 있습니다.

Q6. 직장 내 동료(근로자)가 괴롭힘을 한 경우, 그 근로자를 처벌하도록 노동청에 신고할 수 있나요?

A.

직장 내 괴롭힘 행위자인 근로자를 처벌하기 위하여 노동청에 신고할 수 없습니다. 그러므로, 괴롭힘 행위자인 근로자에 대하여 민사 및 형법 등 개별법을 통한 권리구제방안을 고려하셔야 합니다.

한편, 사용자는 직장 내 괴롭힘 발생 사실을 인지하거나 신고를 접수하였을 때 조사 및 조치 의무 등이 발생하며 미이행 시 500만원 이하의 과태료가 부과될 수 있습니다. 다만, 사용자가 직장 내 괴롭힘 신고한 근로자 및 피해 근로자에게 해고나 그 밖의 불리한 처우를 하였다면 형사처벌 대상이 됩니다.

Q7. 퇴사 후에도 직장 내 괴롭힘 신고할 수 있나요?

A.

피해를 주장하는 근로자 또는 피해 근로자가 퇴사하였다고 하였다고 하더라도 법 제6장의2 직장 내 괴롭힘의 금지 규정이 동일하게 적용되므로, 관할 노동청에 직장 내 괴롭힘 신고 가능합니다.

실무 Tip

같은 근로자가 직장 내 괴롭힘의 행위자일 경우, 퇴사 후 신고하는 것은 재직 중 신고보다 구제의 실익이 적을 수 있습니다. 권리구제를 위해서는 재직 중 신속하게 신고를 하시고, 객관적인 입증자료를 준비하는 것이 중요합니다.[5]

Q8. 직장 내 괴롭힘에서 문제가 된 행위의 예시를 알고 싶습니다.

A.

예시는 아래와 같습니다.[6] 이는 직장 내 괴롭힘 행위의 한 예시일 뿐이며, 아래의 예시에 해당한다고 하여 직장 내 괴롭힘이 바로 성립되는 것은 아닙니다.

- 사적 용무 반복 지시(예. 개인적인 심부름, 상사의 본인 대학원 과제 및 논문 작성 지시, 점심 식사 준비 등)
- 업무지시 · 명령에 폭언 · 폭행이 수반되는 경우, 지속적인 폭언 · 폭행 · 욕설
- 업무상 명백히 불필요한 행위나 수행 불가능한 것을 강제하는 경우
- 의도적으로 업무에서 배제하는 경우

5) 일시, 장소, 사건 경위를 상세히 기록한 메모, 본인이 대화 당사자인 녹취록, 목격자 진술서, 메시지, 의료기록 등이 증거가 될 수 있습니다.

6) '직장 내 괴롭힘 실태조사', 2017, 국가인권위원회, 직장 내 괴롭힘 예방 · 대응 매뉴얼, 고용노동부 근로기준정책과, 2023.04. 참조

- 근로계약서에 작성된 업무를 시키지 않고 단순한 업무만 시키는 경우
- 고의적인 업무방해
- 업무를 수행하는데 필요한 최소한의 시간도 미 부여
- 직장 내 우위를 이용하여 집단적으로 따돌리는 행위
- 협박 및 모욕적인 발언
- 정당한 이유 없이 업무능력 및 성과를 낮게 평가하는 경우
- 필요성이 없음에도 불구하고 퇴근 후 업무지시를 하는 경우
- 회식, 모임, 행사 등 참여 강요
- 음주나 흡연을 강요
- 부정적인 소문을 퍼뜨리는 행위
- 업무상 필요성이 없음에도 업무시간 모습을 지나치게 감시하는 행위
- 휴식 시간을 지나치게 감시하는 행위
- 지나친 사생활 간섭
- 업무지시 과정에서 성적 수치심을 느끼게 하는 언행이 동반된 경우
- 이유 없이 지속적인 연차 사용 거부
- 의사 존중 없이 회사 행사 장기자랑 준비 강요
- 사규상 정해진 사유가 아님에도 불구하고 부당한 시말서 작성 강요
- 상호 존중이 없는 야, 너, 아가씨 등 부적절한 호칭 사용
- 외모, 옷차림 등 지적 및 성차별적 발언

Q9. 직장 내 괴롭힘 위반 시 제재 사항이 궁금합니다.

A.

직장 내 괴롭힘 규정 및 제재 사항은 아래와 같습니다.[7]

근로기준법 제76조의2(직장 내 괴롭힘 금지)		
• 사용자 괴롭힘 금지(법 제76조의2)	<위반시>	• 즉시 1,000만원 이하 과태료 • 사용자의 ① 배우자, ② 4촌 이내의 혈족, ③ 4촌 이내의 인척이 근로자인 경우 포함
근로기준법 제76조의3(직장 내 괴롭힘 발생시 조치)		
• 지체없이 객관적인 조사 실시(법 제76조의3 제2항)	<위반시>	• 시정기간 25일 이내 미시정 시 500만원 이하 과태료 부과 • 다만, 최근 3년 이내 조사 의무 위반으로 시정지시 또는 과태료 부과 사실이 있는 경우 즉시 부과
• 조사과정 중 피해근로자 등 보호조치(법 제76조의3 제3항)	<위반시>	• 제재 규정 없음
• 직장 내 괴롭힘 확인시, 피해근로자가 요청하면 근무장소 변경, 배치전환, 유급휴가 명령 등 적절한	<위반시>	• 시정기간 14일 이내 미시정 시 500만원 이하 과태료

7) 근로기준법 제109조 · 제116조 및 근로감독관집무규정 별표3.

조치(법 제76조의3 제4항)		
• 직장 내 괴롭힘 행위자에 대한 징계, 근무장소 변경 등 필요한 조치(법 제76조의3 제5항)	<위반시>	• 시정기간 25일 이내 미시정시 500만원 이하 과태료
• 신고한 근로자 및 피해근로자등에게 해고나 그 밖의 불리한 처우 금지(법 제76조의3 제6항)	<위반시>	• 시정기간 14일 이내 미시정시 범죄인지 • 3년 이하 징역 또는 3천만원 이하 벌금
• 직장 내 괴롭힘 조사과정 중 알게 된 비밀누설 금지(법 제76조의3 제7항)	<위반시>	• 즉시 500만원 이하 과태료

Q10. 직장 내 괴롭힘 예방 교육은 법정의무교육인가요?

A.

직장 내 괴롭힘 예방 교육은 법정의무교육은 아닙니다.[8] 다만, 상시 근로자 10명 이상의 사업장은 법 제93조에 따라 취업규칙의 작성 및 신고 시 직장 내 괴롭힘의 예방에 관한 사항이 필수기재

8) 5대 법정의무교육('24.1.1.기준): ① 산업안전보건교육(산업안전보건법 제29조), ② 직장 내 성희롱예방교육(남녀고용평등법 제13조), ③ 개인정보보호교육(개인정보보호법 제28조), ④ 직장 내 장애인 인식개선교육(장애인고용촉진법 제5조의2), ⑤ 퇴직연금교육(퇴직급여법 제32조).

사항입니다. 예방 활동이 반드시 예방 교육 형태로 이루어져야 하는 것은 아니나, 취업규칙에 정한 바에 따라 적절한 예방 활동이 이루어지는 것이 바람직합니다. 취업규칙에 '직장 내 괴롭힘의 예방 및 발생 시 조치 등에 관한 사항' 미기재 시 법 제116조에 의거하여 500만원 이하 과태료가 부과될 수 있습니다.

Q11. 사장님께서 제가 일하는 모습을 계속 지켜보시고 잠깐만 자리를 비우면 연락이 옵니다. 직장 내 CCTV 감시를 신고할 수 있나요?

A.

CCTV를 설치하기 위해서는 개인정보보호법을 준수하여야 합니다. 개인정보보호법 제25조에 따르면, 직장 내 CCTV를 설치하기 위해서는 아래의 표와 같은 목적으로 사용되어야 합니다(공개된 장소가 아닌 경우).

1. 법령에서 구체적으로 허용하고 있는 경우
2. 범죄의 예방 및 수사를 위하여 필요한 경우
3. 시설의 안전 및 관리, 화재 예방을 위하여 정당한 권한을 가진 자가 설치·운영하는 경우
4. 교통단속을 위하여 정당한 권한을 가진 자가 설치·운영하는 경우
5. 교통정보의 수집·분석 및 제공을 위하여 정당한 권한을 가진 자가 설치·운영하는 경우

> 6. 촬영된 영상정보를 저장하지 아니하는 경우로서 대통령령으로 정하는 경우

그러므로, 개인정보보호법을 위반하여 CCTV 감시를 받고 있다면, 한국인터넷진흥원(KISA) 개인정보침해신고센터나 국민인권위원회에 신고할 수 있습니다. 한편, 반복적으로 업무상 적정범위를 넘어 CCTV 감시를 받으셨다면 관할 노동청에 직장 내 괴롭힘으로 신고하시길 바랍니다.

Q12. 직장 내 괴롭힘 신고를 이유로 따돌림과 업무배제를 받고 있는데요, 어떻게 해야 하나요?

A.

법 제76조의3 제6항에 직장 내 괴롭힘을 신고한 근로자 및 피해근로자 등에게 해고나 그 밖의 불리한 처우를 하여서는 아니 된다고 규정하고 있습니다. 위반 시 3년 이하의 징역 또는 3천만원 이하의 벌금이 부과될 수 있습니다. 노동청에 진정을 제기하실 수 있습니다.

실무 Tip

- '직장 내 괴롭힘 신고를 이유로' 불리한 처우가 있었던 것인지가 쟁점이 됩니다. 아래의 사항 등을 고려하여 종합적으로 판단하게 됩니다.

- 신고 시기와 불리한 조치의 근접성
- 불리한 조치의 이유가 신고 이전부터 존재하였는지, 정당한 이유가 있는지 등 불리한 조치 경위와 그 과정
- 불리한 조치로 인한 불이익의 정도
- 과거 동종 사안에서 조치의 정도

Q13. 약식조사와 정식조사의 차이점은 무엇인가요?

A.

고용노동부 매뉴얼에 따르면,[9] **<약식조사>**는 피해자가 행위자의 사과, 재발방지 약속 등 당사자 간 합의를 원하는 경우, 조사자나 상담자에 의한 조사가 이루어질 수 있으며, **<정식조사>**는 피해자가 정식조사를 원하는 경우, 조사방향 · 범위 · 대상 등을 결정하여 조사기구(조사자)에 의하여 조사가 이루어집니다.

구분	보고서 내용 (직장 내 괴롭힘 판단 및 예방 · 대응 매뉴얼, 고용노동부, 2023.04. 참조)
약식 조사	• 피해자와 행위자와의 관계(우의성 판단요소) • 사건 경위 • 입증증거(직접 또는 정황증거) • 피해자의 패해 정도 • 피해자의 요청사항

9) 직장 내 괴롭힘 판단 및 예방 · 대응 매뉴얼, 고용노동부, 2023.04.

<table>
<tr><td>정식
조사</td><td>• 사건 경위
• 피해자, 행위자 인적사항 및 당사자 관계
• 괴롭힘 행위의 반복성 또는 지속성 여부
• 피해자의 피해 정도
• 피해자의 요청사항
• 괴롭힘 인정 후 행위자 조치에 관한 피해자 의견
• 직접 및 정황증거 검증</td></tr>
</table>

PART

07

[특별 PART] 건설업 일용직

Q1. '퇴직공제금'과 '퇴직금' 제도는 같은 건가요?

A.

아닙니다. 퇴직공제금은 건설근로자법에서 규정하고 있고, 퇴직금 제도는 퇴직급여법에서 정하고 있습니다. 즉, 규율하는 법령이 다르므로, **각각 별개**로 준수하여야 하는 다른 제도입니다.

실무에서 '건설일용직으로 일하면서 계속근로기간이 1년이 넘어서 퇴직금을 요청하였더니 퇴직공제금을 납부해주었기 때문에 퇴직금 지급의무가 없다'라고 하는데, 이것이 법적으로 맞는 것인지 문의를 많이 주십니다.

앞에서 살펴보았듯이, 퇴직공제금 규정과 퇴직금제도는 각각 준수되어야 하므로, 사용자가 퇴직공제금을 납부하였으므로 퇴직금을 지급할 수 없다고 할 경우 관할 노동관서에 임금체불 등 진정을 제기할 수 있습니다.

Q2. 사업주가 퇴직공제 근로일수 신고하지 않았거나 잘못된 일수를 신고하였을 때 어떻게 해야 하나요?

A.

건설근로자법 제13조 제3항에 따라 사업주가 근로일수를 신고하지 아니하거나 잘못 신고하면 근로자 **본인이 직접 건설공제회에 신고**할 수 있습니다. 신고 시 근로사실 증명서류를 준비하시길 바랍니다.[1]

1) 근로복지공단의 일용근로신고내역, 국세청의 소득금액증명원, 임금 입금내역,

Q3. 건설일용직도 근로계약서를 작성하여야 하나요?

A.

네. 당일근로계약을 체결하고 당일 종료되는 **<일용직>**에게도 근로기준법이 **동일하게 적용**되므로, 법 제17조를 준수하여야 합니다. 또한 이 경우 일용직은 기간 정함이 있는 근로자이므로, 기간제법 제17조도 적용됩니다.

따라서, 근로자가 근로계약서 미작성 및 미교부로 신고 시 사용자는 근로기준법과 기간제법 위반의 벌칙이 모두 적용될 수 있습니다.2)

Q4. 건설일용직으로, '해당 공정 종료 시'까지 근로계약을 체결하였습니다. 현장소장이 조회 시간에 해당 공정이 마무리되는 단계이기 때문에 인원 감축이 있을 거라고 하였고, 현장 게시판에 해고예고 통지문을 붙여놓았습니다. 해고예고를 했다고 볼 수 있나요? (개별적인 통지 없었음)

A.

해고예고는 갑작스러운 해고로부터 근로자의 경제적인 생활이 어려워지는 것을 예방하고자 하는 것이므로, 해고 대상 근로자에게 일정 시점을 특정하여 예고를 해주어야 합니다. 따라서, 질의와 같

노무비지급명세서 등.

2) 근로기준정책과-5099, 2018.08.18.

이 조회나 게시판을 통해 불특정다수에게 이루어진 것은 적법한 해고예고를 하였다고 보기 어렵습니다.[3)]

Q5. 건설일용직도 퇴직금을 받을 수 있나요? ★

A.

일용직도 근로자이므로, 법적 요건을 충족하였다면 퇴직금을 받을 수 있습니다.[4)]

건설일용직의 퇴직금 지급 여부에서 가장 큰 쟁점은 **'계속근로기간 1년 이상' 충족 여부**입니다. 건설현장의 특수성으로 계절과 원자재 수급 상황 등에 따라 공백기간이 빈번하게 발생하기 때문입니다. 공백기간을 근로계약기간의 단절로 볼 수 있는지 판단되어야 합니다.

실무에서 ① 가장 먼저 근로계약서의 계약기간을 확인하고, ② 다음으로, 공백기간의 귀책사유가 누구에게 있는지, ③ 그 기간에 근로자가 다른 현장에서 일한 사정은 없는지, ④ 공백기간의 장단의 정도는 어느 정도 되는지를 종합적으로 검토하여 단절 여부를 판단하게 됩니다.

또한, 일용직의 경우 근로계약서를 안 쓰는 경우가 많습니다. 신고 시, 임금을 입금받은 입금내역서나 근로복지공단에 신고된 고용보

3) 근기 01254-13736, 1988.09.07.

4) 퇴직금 지급요건은 PART 02. 임금 및 퇴직금, CHAPTER 04. 퇴직금, Q2.를 참고해주세요.

험 일용근로내역서, 노임대장, 업무일자 기록 등을 입증자료로 준비하시면 도움이 됩니다.

Q6. 여러 건설현장을 이동하면서 근무하였습니다. 계속근로기간이 이어지나요?

A.

여러 건설현장을 이동하면서 근무하였더라도 동일한 사용자 아래에서 사용종속관계 하에서 근로를 제공하였다면 계속근로기간이 이어질 수도 있습니다.[5]

Q7. 건설업 일용직도 '근로자의 날'을 유급휴일로 받을 수 있나요?

A.

5월 1일 '근로자의 날'은 「근로자의 날 제정에 관한 법률」에서 근로기준법에 따른 유급휴일로 정하고 있습니다. 일용직도 근로자이므로 동일하게 적용됩니다.

다만, 행정해석에 따르면,[6] 근로자의 날이 근로계약 기간 내에 있어야 유급휴일이 될 수 있는바, 일용직은 그날 근로계약을 체결하고 그날 근로계약이 종료되므로 원칙적으로 유급휴일 부여 문제

5) 퇴직연금복지과-554, 2020.02.07.

6) 근기 68207-2508, 2001.08.06., 근로개선정책과-6257, 2014.11.12.

가 발생하지 않습니다.

실무에서 하루를 일하는 일용직이라도 근로계약서를 작성하여야 하지만 매일 근로계약서를 작성하는 것이 어렵다 보니 '당일 근로계약을 체결하고 그날 근로계약을 종료한다'라고 명시하면서 특약사항으로 '공사현장의 공사기간 내에서 연장할 수 있다'고 명시하는 경우가 많습니다.

따라서, 해당 건설현장의 공사기간이 어떻게 되는지, 일용직으로 근로계약을 하였으나 계속근로가 예정되었다고 볼 수 있는지(계속성), 공백기간 장단과 사유, 다른 현장에서 일한 사정(전속성), 근로계약 체결 경위, 당사자의 의사 등을 종합적으로 고려하여 근로계약 기간 내에 근로자의 날이 있다고 판단되어야 근로자의 날을 유급휴일로 받을 수 있을 것입니다.

실무 Tip

- 근로자의 날 전, 후로 근로를 제공하였는지 확인합니다.
- 근로계약 기간 내 근로자의 날이 있음이 인정될 경우, 해당 법정휴일에 일하지 않았다면 1일 통상임금을 유급휴일수당으로 지급하면 됩니다. 반면, 일하였다면 유급휴일수당(100%)과 그날의 임금(100%), 법 제56조에 따른 휴일근로가산수당(50~100%)을 모두 지급해주어야 합니다.
- 근로관계가 3개월 이상 계속되는 경우에는 일용근로자로 보기 어렵습니다(산재보험법 시행령 제23조 제1호 단서).

Q8. 관공서 공휴일 당일 하루만 일용직으로 근로계약을 체결한 경우, 휴일가산수당을 받을 수 있나요?

A.

아니요. 판례에 따르면, 휴일제도는 '연속된 근로에서의 근로자의 피로회복과 건강회복 및 여가의 활용을 통한 인간으로서의 사회적 · 문화적 생활의 향유를 위해 마련된 것'으로, 근로기준법상 유급휴일의 규정이 적용되기 위해서는 '평상적인 근로관계, 즉, **근로자가 근로를 제공해왔고 또한 계속적 근로제공이 예정되어 있는 상태가 전제**'되어야 합니다.[7]

그러므로, 관공서 공휴일(예. 3.1절, 개천절 등) 당일 하루만 근로계약을 체결하여 그날 근로계약이 종료되는 일용근로자라면 법 제56조에 따른 휴일근로에 대한 가산수당을 받을 수 없습니다.[8]

다만, 형식적 · 명시적으로만 일용직으로 근로계약이 반복 · 갱신된 경우는 그 근로계약 기간 내에 휴일이 포함되어 있고, 그 전후로 계속 근로를 한 것으로 인정된다면, 휴일근로에 대한 가산수당을 지급받을 수 있습니다.

Q9. 일당제 건설일용직입니다. 주휴수당을 받을 수 있나요?

A.

일용직의 경우, 원칙적으로 법 제55조 제1항의 유급휴일(주휴일)

7) 대법원 2007다73277, 2009.12.24.

8) 임금근로시간과-76, 2022.01.10.

발생이 문제되지 않습니다.

다만, 일용근로계약을 계속 반복 · 갱신하여 형식적으로만 일용근로자인 경우라면, 상용근로자로 보아야 하고 주휴수당을 받을 수 있습니다. 즉, 실질적인 건설일용직인지, 형식적인 건설일용직인지 판단에 따라 주휴수당 지급 여부가 달라집니다.

한편, 주휴일의 기산점은 해당 사업장에서 근로를 시작한 날이 되므로 기산점으로부터 1주간의 주휴일 부여 요건을 충족하는지 판단하면 됩니다. 참고로, 일정기간 근로관계가 단절되었다가 다시 새로 근로를 시작한 경우에는 새로 근로를 시작한 시점부터 앞의 동일한 방식으로 판단합니다.

Q10. '오야지'(팀장, 십장 등)도 근로자로 볼 수 있나요?

A.

일명 오야지가 건설공사의 일부분을 하도급받아 근로자를 직접 채용하고 임금 등 근로조건을 결정하였다면 근로자로 볼 수 없습니다.

반면, 건설회사와 직접 근로계약을 체결하여 건설회사의 지휘 · 감독을 받으면서 근로를 제공하고 그 대가로 임금을 받았다면, 근로자로 볼 수 있습니다.[9)]

9) 근기 68207-1980, 2002.05.21.

Q11. 건설일용직도 산재 신청이 가능한가요?

A.

건설일용직도 산재 신청이 가능합니다. 일용직의 경우 근로시간에 상관없이 고용산재보험 가입대상이기 때문입니다(고용보험법 제8조·동법 시행령 제3조 및 산재보험법 제6조).

또한, 산재 신청의 주체는 근로자 본인이므로 회사에서 산재 처리를 해주지 않는다고 하여도 근로자 본인이 근로복지공단에 산재 신청을 진행하시면 됩니다.

PART

08

[실무] 임금체불진정

CHAPTER 01

주요 신고사건 종류

(근로감독관집무규정 제33조)

종 류	
(1) 진정	**권리구제 · 시정**을 구하는 것
(2) 청원	근로자가 사업(사업장)에 **근로기준법 위반 사실**을 통고하고자 하는 것
(3) 고소	범죄의 **피해자 등**이 수사기관에 일정한 범죄사실을 신고하여 처벌을 구하는 것
(4) 고발	고소권자 외 **제3자 누구든지** 수사기관에 일정한 범죄사실을 신고하여 처벌을 구하는 것

- 관련법령

「근로기준법」

제104조(감독 기관에 대한 신고) ① 사업 또는 사업장에서 이 법 또는 이 법에 따른 대통령령을 위반한 사실이 있으면 근로자는 그 사실을 고용노동부장관이나 근로감독관에게 통보할 수 있다.

② 사용자는 제1항의 통보를 이유로 근로자에게 해고나 그 밖에 불리한 처우를 하지 못한다.[1]

1) 위반 시, 2년 이하의 징역 또는 2천만원 이하의 벌금에 처해집니다(법 제110조).

CHAPTER 02

진정 등 신고방법

(1) 고용노동부 홈페이지 www.moel.go.kr 접수

- 홈페이지 메인 > 민원 > 민원신청

(2) 해당 사건 관할관서 방문 접수

- 신고인(진정인) 본인 신분증 지참
- 여러 명의 근로자 사건을 대표로 접수 시, 진정인 연명부 작성 필요[1]

(3) 가까운 지방고용노동관서에 방문

- 진정서 등 작성 후 해당 관할관서로 팩스 송부 요청 > 관할 지청에 수신 확인

(4) 민원실 팩스 또는 우편 접수

- 관할지청 민원실로 직접 진정서 팩스 송부 및 수신 확인

1) 근로감독관의 사건조사시 진정인 진술 및 증거자료 제출 등에 대한 권한을 위임하는 것으로 위임자 본인 서명이 필수입니다.

CHAPTER 03

신고사건 관할판단 (근로감독관집무규정 제35조)

(1) 원칙: 발생지 원칙

- <u>해당 사건 발생지</u> 관할 고용노동관서

(2) 예외

- 주된 사업장 소재지 관할 고용노동관서
  - 사건 접수일 이전 사업장이 **폐지**된 경우[1)]
  - 사업주가 임금채권보장법 제7조제1항 제1호부터 제3호까지에 해당하는 경우(파산, 회생, 도산)
  - 건설산업기본법, 전기공사업법, 정보통신공사업법, 소방시설공사업법, 문화재수리 등에 관한 **법률에 따라 등록하지 아니한 사업자가 시공한 공사가 완공되거나 중단**된 경우
- 근로감독관집무규정 제35조 제1항에도 불구하고 피신고인이 동일한 신고사건으로서 둘 이상의 지방관서의 관할에 속하거나, 신고인의 원거리 거주 등의 이유로 다른 지방관서에서 사건처리를 희망할 경우에는 지방관서장간 사전협의를 거쳐 사건의 이송할 수 있으며, 이 경우 사전협의를

1) 근로기준정책과-6692, 2017.10.30.

요청받은 지방관서장은 사건처리 수탁 여부를 8시간 근무시간 내에 알려주어야 함(동규정 제3항)

- 관할 이송: 관할이 아닌 사건을 접수한 지방관서는 해당 사건을 근무시간 내 관할 지방관서로 이송하되 신고인이 원하는 경우에는 빠른 시일 내에 신고인에 대한 조사를 마친 후 사건 관할 지방관서로 이송(동규정 제4항)

실무 Tip

<table>
<tr><th>Case</th><th colspan="3">관할 고용노동관서 판단 기준[2]</th></tr>
<tr><td>파견 근로자</td><td colspan="3">사용사업주 회사 근무지(근로자 근무지 ○, 파견회사 소재지 ×)[3]
➜ 파견·용역 회사 폐업 또는 도산 시, 주된 사업장(본사) 소재지(사업등록지)</td></tr>
<tr><td rowspan="4">건설 근로자</td><td rowspan="2">등록건설 사업자</td><td>공사 中</td><td>• 공사현장 주소지</td></tr>
<tr><td>공사 완공[4]</td><td>• 공사현장 주소지</td></tr>
<tr><td rowspan="2">미등록건설 사업자 (오야지 등)</td><td>소관 공사 中</td><td>• 공사현장 주소지</td></tr>
<tr><td>오야지 소관 공사 완공·중단</td><td>• 주된 사업장 소재지 (오야지 등 주소지)</td></tr>
</table>

2) 근로기준과-34, 2010.07.08.

3) 사용사업주 회사가 폐업하였더라도 파견업체가 사업 중이라면, 사용사업주 회사 근무지 관할이 신고사건을 처리합니다. 또한, 파견업체가 폐업한 경우라면, 파견업체의 주된 사업장 소재지(사업등록지) 관할 관서에서 신고사건을 처리합니다.

4) 건설공사 면허가 있는 건설업자가 사업을 폐지하거나 파산한 경우는 주된 사업장 소재지의 관할 관서가 신고사건을 처리합니다(근로감독관집무규정 제35조 ①).

CHAPTER 04

처리기간

(1) 진정

- 원칙: 접수한 날로부터 **25일** 이내
- 예외: 부득이한 사유로 처리기한 내 사건 처리가 곤란한 경우, ① 해당 신고사건의 처리기간의 범위에서 1회 연장 가능, ② 연장된 기간에서 사건을 처리하는 것이 곤란하여 신고인의 동의를 받은 경우, 처리기간의 범위에서 처리기간을 다시 연장 가능

(2) 고소 · 고발 · 범죄인지사건

- 원칙: 접수 또는 범죄인지일로부터 **2월 이내** 수사를 완료하여 검찰 송치
- 예외: 부득이한 사유로 처리기한 내 수사를 완료하는 것이 불가능한 경우 검사로부터 수사기간의 연장 지휘 받음

CHAPTER 05

임금체불진정 처리과정

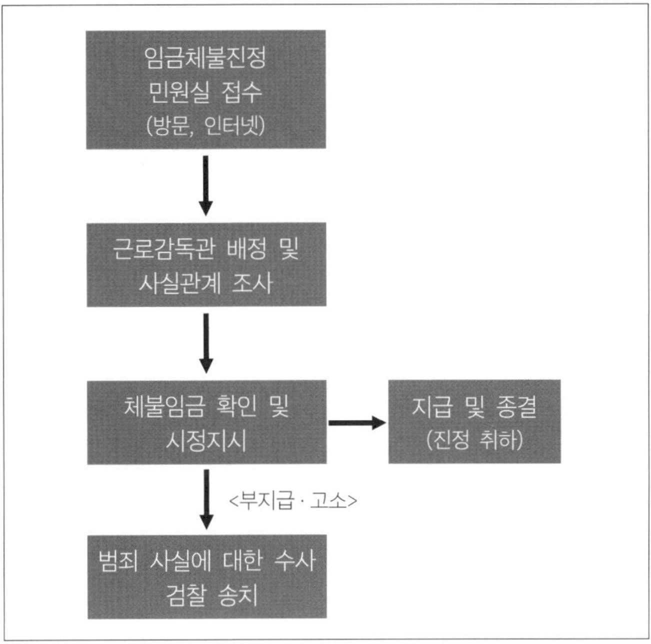

CHAPTER 06

진정 관련 FAQ

Q1. 임금체불 진정을 접수하면 못 받은 임금을 받을 수 있나요?

A.

노동청에서 가장 많이 듣는 질의입니다. 결론부터 말씀드리자면, 노동청에 임금체불 진정을 접수한다고 100% 임금을 실제로 수령할 수 있는 것은 아닙니다.

노동청은 본질적으로 못 받은 임금을 대신 받아서 근로자에게 지급하는 곳이 아니며, 신고사건에 대하여 근로기준법 위반 여부와 관련된 사실관계를 조사하여 체불임금을 확정하고 사용자에게 시정지시를 합니다.[1] 시정기한 내 사용자가 부지급할 경우, 범죄사실에 대한 수사 및 검찰에 송치됩니다. 사용자가 시정지시를 받은 후에도 임금을 지급하지 않는다면, 근로자는 대지급금 제도나 민사소송 진행을 고려할 수 있습니다.[2]

1) 근로감독관의 시정지시는 행정처분이 아니고 행정지도에 불과합니다(서울행정 2004구합2424, 2004.05.11.). 따라서, 별도의 불복절차가 존재하지 않습니다.

2) ① 대지급금: 관할노동관서에서 체불임금등 사업주확인서를 대지급금용으로 발급받아 신청서를 작성하여 근로복지공단에 신청합니다. ② 민사소송: 무료법률구조공단에서 최종 3개월 평균임금이 400만원 미만인 근로자는 체불임금에 대한 민사절차 지원을 받으실 수 있습니다. 관할노동관서에서 체불임금등 사업주확인서를 소송제기용으로 발급받으시면 됩니다.

Q2. 퇴사한 뒤 임금체불 진정은 언제까지 접수해야 하나요?

A.

퇴사한 후 임금체불진정을 넣고자 할 때, 법 제36조의 금품청산기간인 **14일이 지난 후부터** 진정제기가 가능합니다. 또한, 임금 소멸시효는 3년이므로, **소멸시효기간 안**에 진정을 제기하면 됩니다.

다만, 진정제기 후에도 소멸시효는 정지되지 않으므로, 진정 처리기한 등을 고려하시어 접수를 진행하시길 바랍니다.

Q3. 임금 소멸시효는 언제부터 시작되나요?

A.

임금의 소멸시효 기산점은 정기지급일(월급날)입니다. 예를 들어, 매월 1일에서 말일까지의 임금이 익월 5일에 지급되고 있다면, 4월 임금의 소멸시효 기산점은 5월 5일이 됩니다.

실무 Tip

- 연차휴가미사용수당: 연차휴가권이 소멸한 다음날(연차수당청구권이 발생한 날)
- 상여금: 상여금 권리가 발생한 날
- 퇴직금: 퇴직한 날(마지막 근로일의 다음날)

Q4. 개인이 자신의 개인주택을 공사하는 곳에서 일하고 일당을 받지 못했습니다. 임금체불 진정이 가능한가요?

A.

노동청에서 임금체불 진정을 제기하기 위해서는 근로기준법이 적용되는 사용자와 근로자이어야 합니다. 개인이 자신의 주거목적으로 주택을 지으면서 직접 일을 맡긴 것이라면 근로기준법이 적용되는 사업(장)으로 보기 어려우므로 노동청에서 임금체불 진정을 제기할 수 없으며 민사절차에 따라 진행하셔야 합니다.

Q5. 회사가 폐업해도 임금체불 진정을 제기할 수 있나요?

A.

회사가 폐업하였더라도 사용자의 임금 지급의무가 사라지는 것이 아니므로, 관할 노동관서에 임금체불 등 진정을 제기할 수 있습니다. 또한, 이 경우 대지급금 제도를 진행 여부를 고려하실 수 있습니다.

Q6. ① 개인 사업주가 사망하였을 경우에도 임금체불 진정을 할 수 있나요?, ② 간이대지급금 신청도 가능한지 궁금해요.

A.

① 개인 사업주가 사망하였을 경우에도 임금체불 진정을 제기할 수 있습니다.

② 개인 사업주가 사망하여 조사할 수 없는 경우, 원칙적으로 체불임금등 사업주 확인서(대지급금 청구용) 발급이 불가합니다. 다만, 체불에 관한 자료가 일부라도 확인받을 경우 '소송 제기용'으로 발급 신청을 하여 민사소송을 제기하여 확정판결을 받은 후, 간이대지급금을 신청할 수 있습니다.

여기서 유의할 점은 퇴직 다음 날부터 2년 이내 소송을 제기해야 한다는 것입니다.

Q7. 오야지(십장, 팀장 등 무등록 시공업자)에게 고용되어 직상수급인 건설현장에서 일용직으로 일하고 임금을 받지 못하였습니다. 오야지에게 임금을 청구하였지만, 공사대금을 받지 못해서 임금을 줄 수 없다고 합니다. 임금체불 진정 시 직상수급인(원청)을 신고하면 되나요?

A.

원칙적으로는 오야지에게 임금 지급의무가 있으므로, 오야지를 대상(피진정인)으로 법 제36조(금품청산), 제43조(임금 지급)의 위반으로 임금체불 진정을 제기하여야 합니다. 다만, 건설업에서 사업이 2차례 이상 공사도급이 이루어진 경우라면, 법 제44조의2 건설업에서의 임금지급 연대 책임 규정에 따라 원청(직상수급인)을 신고할 수 있습니다. 또한, 오야지와 직상수급인을 동시에 신고할 수도 있습니다.

Q8. 사업소득세 3.3%를 납부하면서 근로를 하였습니다. 임금 체불 진정 시 근로자성(사용종속관계)을 입증할 수 있는 자료로 무엇을 준비해야 하나요?

A.

기본적으로 근로계약서가 있습니다. 근로계약서가 없다면, 건강보험득실확인서나 임금을 입금받은 내역을 준비하시면 됩니다.

그 밖에 출퇴근기록부, 스케쥴표, 업무일지, 업무분장표, 업무보고서, 컴퓨터 로그기록, 출퇴근 하이패스 및 교통카드 내역, 업무사진, 업무 지시 카톡메시지, 업무 이메일, 녹취록 등이 있습니다.

Q9. 녹취록을 입증자료로 활용할 수 있나요?

A.

신고인(진정인)이 대화 참여자로 녹음을 한 것이라면 불법이 아니므로 녹취록을 입증자료로 활용할 수 있겠으나, 대화 참여자가 아님에도 불구하고 불법적으로 녹음된 것이라면 「통신비밀보호법」 제3조 및 제4조에 따라 입증자료로 활용할 수 없습니다.

「통신비밀보호법」

제3조(통신 및 대화비밀의 보호) ① 누구든지 이 법과 형사소송법 또는 군사법원법의 규정에 의하지 아니하고는 우편물의 검열·전기통신의 감청 또는 통신사실확인자료의 제공을 하거나

공개되지 아니한 타인간의 대화를 녹음 또는 청취하지 못한다. 다만, 다음 각호의 경우에는 당해 법률이 정하는 바에 의한다.

제4조(불법검열에 의한 우편물의 내용과 불법감청에 의한 전기통신내용의 증거사용 금지) 제3조의 규정에 위반하여, 불법검열에 의하여 취득한 우편물이나 그 내용 및 불법감청에 의하여 지득 또는 채록된 전기통신의 내용은 재판 또는 징계절차에서 증거로 사용할 수 없다.

Q10. 노동청에 임금체불 진정을 제기하였습니다. 피진정인이 계속 출석하지 않을 경우, 어떻게 대응하여야 하나요?

A.

고소가 아닌 진정만 제기하였다면, 피진정인의 출석을 강요할 수는 없습니다. 반면, 고소 단계에서 피고소인이 출석하지 않을 경우 강제조치를 할 수 있습니다. 다만, 법 위반 사실이 없음에도 고소 시 무고죄로 역고소 되는 경우도 있음을 유의하셔야 합니다.

「**형법**」

제156조(무고) 타인으로 하여금 형사처분 또는 징계처분을 받게 할 목적으로 공무소 또는 공무원에 대하여 **허위의 사실**을 신고한 자는 10년 이하의 징역 또는 1천500만원 이하의 벌금에 처한다.

참고로, 근로감독관집무규정 제40조 제6항에 따르면, 신고인 · 참고인 등 조사결과에 따라 ① 법 위반 사실이 확인되면 즉시 수사에 착수하고, ② 법 위반 사항을 발견할 수 없을 때는 내사종결 처리됩니다.

Q11. 임금 소멸시효 3년이 지나면 노동청에 신고할 수 없나요?

A.

법 제49조의 임금 소멸시효는 3년이므로 노동청에 임금체불 진정을 제기할 수는 없습니다. 다만, 형사소송법 제249조에 공소시효는 5년이므로, 형사처벌은 가능합니다.

Q12. 재직 중에도 임금체불 진정이 가능한가요?

A.

네. 재직 중이더라도 법 제43조의 임금지급(정기불 원칙)위반으로 진정을 제기할 수 있습니다. 다만, 정기불 원칙에 따라 임금지급일을 경과한 임금에 대해서만 진정을 제기할 수 있습니다.

Q13. ① 반의사불벌죄란 무엇인가요?, ② 노동법에서 반의사불벌죄 규정이 적용되는 사건유형으로는 어떤 것들이 있나요?

A.

① <반의사불벌죄>란 피해자 의사에 반하여 처벌할 수 없는 죄를

말합니다.

② 근로기준법에서 반의사불벌죄가 적용되는 사건 유형은 다음과 같습니다(근로감독관집무규정 제41조 제1항).

- **법 제36조(금품청산):** 근로자 사망 · 퇴직한 경우 14일 이내 금품청산
- **법 제43조(임금 지급):** 전액불, 통화불, 정기불 원칙 위반
- **법 제44조(도급 사업에 대한 임금 지급)**
- **법 제44조의2(건설업에서의 임금 지급 연대책임)**
- **법 제46조(휴업수당):** 사업자 귀책사유로 휴업하는 경우 지급되는 휴업수당 미지급
- **법 제51조의3(근로한 기간이 단위기간보다 짧은 경우의 임금 정산)**
- **법 제52조 제2항 제2호(선택적 근로시간제):** 매 1개월마다 평균하여 1주간의 근로시간이 법 제50조 제1항의 근로시간을 초과한 시간에 대하여 가산수당 미지급
- **법 제56조(연장 · 야간 및 휴일 근로):** 연장 · 야간 및 휴일 근로에 대한 가산수당 미지급
- **퇴직급여법 제9조 제1항(퇴직금 지급 등):** 근로자가 퇴직한 경우 14일 이내 미지급 또는 당사자 간의 합의 지급기일 위반
- **퇴직급여법 제17조 제2항 및 제3항(급여 종류 및 수급요건 등):** 확정급여형퇴직연금제도(DB형)의 지급사항 위반
- **퇴직급여법 제20조 제5항(부담금의 부담수준 및 납입 등):** 확정기여형퇴직연금제도(DC형)의 부담금 납입 위반
- **퇴직급여법 제23조의7 제2항(부담금의 부담수준 및 납입 등):** 중소기업퇴직연금기금제도의 부담금 납입 위반

- **퇴직급여법 제25조 제3항(10명 미만을 사용하는 사업에 대한 특례)**: 개인형퇴직연금제도의 부담금 납입 위반

Q14. 재진정도 가능한가요?

A.

네, 가능합니다. 단순히 재진정을 하기보다는 추가 입증자료를 확보하여 재진정을 하시길 권고드립니다. 다만, 처벌불원 의사표시를 한 경우라면 재진정을 할 수 없음을 유의하여 주세요.

Q15. 임금 및 퇴직금을 그 지급 사유가 발생한 때부터 14일 이내에 지급하지 않아 사용자에게 지연이자를 청구하였습니다. 사용자가 지연이자를 지급하지 않을 경우, 금품청산(법 제36조) 위반으로 노동청에 신고할 수 있나요?

A.

법 제37조에 의한 '지연이자'(임금 및 퇴직금 제외)는 법 제36조의 금품에 포함되지 않을뿐더러 처벌규정도 별도로 없습니다. 단지 민사상 채권만이 발생합니다. 따라서, 지연이자를 지급받고자 한다면, 민사절차에 따라 권리구제를 받으셔야 합니다.

「근로기준법」

제37조(미지급 임금에 대한 지연이자) ① 사용자는 제36조에 따라 지급하여야 하는 임금 및 「근로자퇴직급여 보장법」 제2조제5호에 따른 급여(일시금만 해당된다)의 전부 또는 일부를 그 지급 사유가 발생한 날부터 14일 이내에 지급하지 아니한 경우 그 다음 날부터 지급하는 날까지의 지연 일수에 대하여 연 100분의 40 이내의 범위에서 「은행법」에 따른 은행이 적용하는 연체금리 등 경제 여건을 고려하여 대통령령으로 정하는 이율에 따른 지연이자를 지급하여야 한다.

② 제1항은 사용자가 천재·사변, 그 밖에 대통령령으로 정하는 사유에 따라 임금 지급을 지연하는 경우 그 사유가 존속하는 기간에 대하여는 적용하지 아니한다.

Q16. 진정 제기 후, 수술받아 입원하게 되어 출석 조사를 받지 못하는 경우 어떻게 해야 하나요?

A.

근로감독관집무규정 제38조에 따르면, 장기입원 등으로 신고인이 출석하지 못할 사정이 있는 경우 감독관은 우편진술서를 우편으로 제출하게 할 수 있습니다. 담당 근로감독관에게 우편을 통한 간이진술 가능 여부를 문의해보시길 권고드립니다.

또한, ① 감독관이 신고인의 진술을 듣기 위해 2회 이상 출석을 요구하였음에도 응하지 아니한 경우 또는 ② 신고인의 소재 불명 또는 수취거부 등으로 우편물이 2회 이상 반송된 때, ③ 신고인이 신고내용에 대해 서면, 통신기기 문자 또는 유선으로 신고의사가 없음을 명확히 표시한 경우에는 신고인의 신고의사가 없는 것으로 간주하여 내사종결 처리될 수 있습니다.[3]

Q17. 임금을 받지 못한 경우 나라에서 먼저 주는 제도가 있다고 하던데 어떤 제도인가요?

A.

임금채권보장법에 의거하여 기업의 도산 등으로 임금을 등을 지급받지 못한 경우 국가가 사업주를 대신하여 체불임금 등을 지급하는 <**대지급금**>제도가 있습니다. 대지급금 제도의 종류로는 도산대지급금(일반체당금)과 간이대지급금(소액체당금)이 있습니다.

<table>
<tr><th colspan="2"></th><th>도산대지급금</th><th colspan="2">간이대지급금</th></tr>
<tr><td rowspan="2">지원요건</td><td rowspan="2">사업주</td><td rowspan="2">① 산재보험 적용대상
② 6개월 이상 사업을 한 후
③ 도산, 파산 등으로 임금 등을 지급할 능력이 없는 경우</td><td>재직자</td><td>① 산재보험 적용대상
② 소송 또는 진정제기일 이전 마지막 체불일까지 6개월 이상 사업 영위
③ 체불에 대한 확정판결 또는 체불 임금등 사업주확인서 발급</td></tr>
<tr><td>퇴사자</td><td>① 산재보험 적용대상
② 해당 근로자 퇴직일까지 6</td></tr>
</table>

3) 근로감독관집무규정 제40조.

<table>
<tr><td></td><td></td><td></td><td></td><td>개월 이상 해당사업 영위
③ 체불에 대한 확정판결 또는 체불 임금등 사업주확인서로 미지급 임금 등 확인</td></tr>
<tr><td rowspan="2"></td><td rowspan="2">근로자</td><td rowspan="2">파산 · 회생 · 도산등사실 인정 신청일의 1년 전이 되는 날부터 3년 이내에 당해 사업(장)에서 퇴직한 근로자</td><td>재직자</td><td>① 소송 · 진정제기 당시 근로계약 유지(일용근로자 제외)
② 3개월간 통상시급이 최저임금의 110% 미만
③ 확정팔결로 청구 시, 마지막 체불일 다음 날부터 2년 이내 소송 또는 체불 임금등 사업주확인서로 청구 시 1년 이내 진정 제기</td></tr>
<tr><td>퇴사자</td><td>- 확정판결 청구 시: 퇴직 다음 날부터 2년 이내 소송
- 체불 임금등 사업주확인서로 청구 시: 퇴직 다음 날부터 1년 이내 진정제기</td></tr>
<tr><td colspan="2">지원범위</td><td colspan="3">최종 3개월분의 임금(또는 휴업수당, 출산전후휴가기간 중 급여), 최종 3년간의 퇴직급여 등 체불액</td></tr>
<tr><td colspan="2">지원한도</td><td colspan="2"><table><tr><td>30세 미만</td><td>30세 이상 ~ 40세 미만</td><td>40 ~ 50</td><td>50 ~ 60</td><td>60세 이상</td></tr><tr><td>1,320</td><td>1,860</td><td>2,100</td><td>1,980</td><td>1,380</td></tr></table>※ 최대 2,100만원</td><td>① 임금(휴업수당, 출산전후휴가기간 중 급여) 700만원
② 퇴직급여등 700만원
※ ①+②: 총 상한액 1,000만원</td></tr>
</table>

노동청 노무사가 알려주는 근로기준법 실무 Q&A

[부록]

상시 4인 이하의 근로자를 사용하는 사업(장)에 적용하는 근로기준법 규정

■ 근로기준법 시행령 [별표 1] 참조

상시 4명 이하의 근로자를 사용하는 사업(장)에 적용하는 법 규정

구분	주요 법규정
제1장 총칙	균등한 처우, 강제 근로 금지, 폭행 금지, 중간착취 배제, 공민권 행사 보장
제2장 근로계약	**이 법을 위반한 근로계약, 근로조건의 명시**, 단시간근로자의 근로조건, 근로조건 위반 시 손해배상청구 및 즉시 근로계약 해제, 위약 예정·전차금 상계·강제저금 금지, **해고금지기간, 해고예고, 금품청산**, 미지급임금 지연이자, 임금채권 우선변제, 사용증명서, 취업방해 금지, 근로자명부, 계약서류 보존
제3장 임금	**임금지급 4대원칙**, 도급사업에 대한 임금 지급, 건설업에서의 임금 지급 연대책임, 건설업의 공사도급에 있어서의 임금에 관한 특례, 비상시 지급, 임금대장 및 **임금명세서, 임금의 시효**
제4장 근로시간과 휴식	**휴게시간, 주휴일**
제5장 여성과 소년	최저 연령과 취직인허증, 임산부와 18세 미만인 자 유해·위험 사업 사용금지, 연소자 증명서, 근로계약, 임금 청구, 연소자 근로시간, 임산부·18세 미만 야간·휴일근로 제한, 시간외근로, 갱내근로금지, **임산부 보호**
제6장 안전과 보건	안전과 보건
제8장 재해보상	요양·휴업·장해·유족보상, 장례비, 일시·분할보상, 보상청구권, 손해배상과의 관계, 고용노동부장관·노동위원회의 심사와 중재, 도급사업에 대한 예외, 서류 보존, 시효
제11장 근로감독관 등	제101조부터 제106조까지의 규정
제12장 벌칙	제107조부터 제116조까지의 규정(제1장부터 제6장까지, 제8장, 제11장의 규정 중 상시 4명 이하 근로자를 사용하는 사업(장)에 적용되는 규정을 위반한 경우로 한정)

임금체불 진정서

▶ 진정인

· 성 명		· 주민등록번호	
· 주 소			
· 전화번호		· 휴대폰번호	
· 이메일			
수신여부확인	○ 예 ○ 아니오 민원신청 처리상황을 문자메시지(SMS), E-mail 통해 정보를 제공받으실 수 있습니다.		

▶ 피진정인

· 필수입력 항목입니다

· 성 명		· 연락처	
· 주 소			
· 사업체구분	○ 사업장 ○ 공사현장		

· 회사명			
· 회사주소(실근무장소)			
· 회사전화번호		근로자수	

▶ 진정내용

· 입사일		퇴사일		
체불임금총액		· 퇴직여부	○ 퇴직	○ 재직
체불퇴직금액		기타체불금액		
업무내용				
임금지급일		근로계약방법	○ 서면	○ 구두
· 제 목				
· 내 용 (한글 500자 이내)	(작성 예) - 2023. 11월, 12월 임금 - 퇴직금 - 2023년 11~12월 주휴수당 미지급 - 연차수당 - 근로계약서 미교부			

▶ 관할 고용노동관서 및 파일첨부 등

· 관할 관서	
파일 첨부	

진정인 연명부[1]

■ 진정 당사자

성 명	주민등록번호	연락처(휴대전화)	주 소	서명(인)

진정인 (　　　　)을(를) 대표로 선정하는 것에 동의하고, 근로감독관의 사건 조사 시 진정인 진술 및 증거자료 제출 등에 대한 권한을 위임합니다.

20　.　.　.

(　　　　　　　　)고용노동(지)청장 귀하

1 여러 명이 함께 접수할 경우 사용

■ 임금채권보장법 시행규칙 [별지 제7호의2서식]

체불 임금등 · 사업주 확인서 발급신청서

접수번호	접수일	처리기간 3일

<table>
<tr><td rowspan="4">① 신청인</td><td colspan="2">성명</td><td>주민등록번호</td></tr>
<tr><td colspan="3">주소
(휴대전화번호: 전자우편주소:)</td></tr>
<tr><td colspan="3">근무기간</td></tr>
<tr><td colspan="3">지급받지 못한 임금등의 총 금액</td></tr>
<tr><td rowspan="5">② 대상 사업주</td><td colspan="3">사업장명</td></tr>
<tr><td>대표자</td><td>성명</td><td>연락처</td></tr>
<tr><td rowspan="2">소재지</td><td>사업장</td><td></td></tr>
<tr><td>실제근무지</td><td></td></tr>
<tr><td colspan="2">사업개시일</td><td>건설공사에 해당하는지 여부
[ ] 해당 [ ] 해당하지 않음</td></tr>
<tr><td rowspan="4">③ 적법한직상 건설사업자 (대상자인 경우에만 해당)</td><td colspan="3">사업장명</td></tr>
<tr><td>대표자</td><td>성명</td><td>연락처</td></tr>
<tr><td colspan="3">소재지</td></tr>
<tr><td colspan="3">사업개시일</td></tr>
<tr><td rowspan="4">신청</td><td colspan="3">④ 신청내용</td></tr>
<tr><td colspan="3">⑤ 신청구분
[ ] 퇴직자용 [ ] 재직자용</td></tr>
<tr><td colspan="3">⑥ 사용용도
[ ] 소송 제기용(법률구조 등) [ ] 대지급금 청구용(법 제7조제1항제5호)
[ ] 기타 ( )</td></tr>
<tr><td colspan="3">신청부수</td></tr>
</table>

「임금채권보장법」 제12조제1항 및 「임금채권보장법 시행규칙」 제9조의2제1항에 따라 체불 임금등 및 체불사업주의 확인을 신청하오니, 체불 임금등 · 사업주 확인서를 발급해 주시기 바랍니다.

20 . . .

신청인: (인)

○○지방고용노동청(○○지청)장 귀하

■ 근로감독관집무규정 서식 [별지 제28의2호]

작성방법

1. ① “신청인”란에는 신청인의 성명 등 인적사항과 근무기간, 지급받지 못한 임금등을 적습니다. 다만, 대상 사업주가 동일하여 여러 명이 함께 신청하는 경우에는 대표 신청인의 인적사항 등을 적고, 그 밖의 신청인은 별지에 해당 인적사항과 근무기간, 지급받지 못한 임금등을 적어 제출할 수 있습니다.
2. ② “대상 사업주”란에는 대상 사업주의 사업장명 및 사업장 소재지, 해당 근로자의 실제 근무지 등을 적습니다. 사업개시일은 사업주가 근로자를 채용한 후 근로자를 사용하여 사업 또는 사업준비를 시작한 날을 적습니다(해당 날짜를 알 수 없는 경우에는 빈칸으로 둡니다).
3. ③ “적법한 직상 건설사업자”란은 「건설산업기본법」 제2조제7호에 따른 건설사업자가 아닌 공사도급의 하수급인에게 고용되었던 경우에만 작성하고, “적법한 직상 건설사업자”는 「건설산업기본법」 제2조제7호에 따른 건설사업자가 아닌 해당 사업주(무면허 하수급인)에게 하도급을 주었던 「건설산업기본법」 제2조제7호에 해당하는 건설사업자의 사업장명, 소재지 등을 적습니다. 사업개시일은 사업주가 근로자를 채용하여 사업 또는 사업준비를 시작한 날을 적습니다(해당 날짜를 알 수 없는 경우에는 빈칸으로 둡니다).
4. ④ “신청내용”란에는 “○○○○년 ○월 ○일에 신고한 체불임금 진정(고소)사건과 관련된 체불임금 및 체불사업주 내역” 으로 적습니다.
5. ⑤ “신청구분”란 중 “퇴직자용”은 임금등 체불을 이유로 해당 사업주에 대해 소송등 또는 진정등을 제기한 날을 기준으로 퇴직한 경우(「임금채권보장법」 제7조에 따른 퇴직 근로자에 대한 대지급금을 청구하려는 경우 등)에 표시하고, “재직자용”은 임금등 체불을 이유로 해당 사업주에 대해 소송등 또는 진정등을 제기한 날을 기준으로 해당 사업주와 근로계약이 종료되지 않은 경우(「임금채권보장법」 제7조의2에 따른 재직 근로자에 대한 대지급금을 청구하려는 경우 등)에 표시합니다.
6. ⑥ “사용용도”란 중 “소송 제기용(법률구조 등)”은 「임금채권보장법」 제7조제1항제4호(같은 법 제7조의2제1항에서 제7조제1항제4호에 해당하는 경우를 포함)에 따른 대지급금 청구에 필요한 확정 판결등을 받거나 체불 사업주를 상대로 임금채권을 행사하기 위하여 소송을 제기하려는 용도(「법률구조법」 제22조의 법률구조의 절차에 따른 소 제기를 포함)로 사용하려는 경우에 표시하고, “대지급금 청구용(법 제7조제1항제5호)”은 「임금채권보장법」 제7조제1항제5호(같은 법 제7조의2제1항에서 제7조제1항제5호에 해당하는 경우를 포함)에 따라 체불 임금등·사업주 확인서로 곧바로 대지급금을 청구하기 위한 용도로 사용하려는 경우에 표시하며, “기타”는 위의 경우 외의 용도로 사용하려는 경우에 표시한 뒤 해당 내용을 적습니다.

※ 「임금채권보장법」 제7조제1항제5호(같은 법 제7조의2제1항에서 제7조제1항제5호에 해당하는 경우를 포함)에 따라 체불 임금등·사업주 확인서로 곧바로 대지급금을 청구하려는 경우에는 체불 임금등·사업주 확인서의 최초 발급일부터 6개월 이내에 간이대지급금 지급청구서를 근로복지공단에 제출해야 합니다.

7. 근로감독사무 처리과정에서 「임금채권보장법 시행규칙」 제9조의2제2항제1호의 체불 임금등에 관한 사항 및 같은 항 제2호의 체불 사업주에 대한 사항이 모두 확인된 경우에 체불 임금등·사업주 확인서가 발급됩니다.

처리절차

이 신청서는 아래와 같이 처리됩니다.

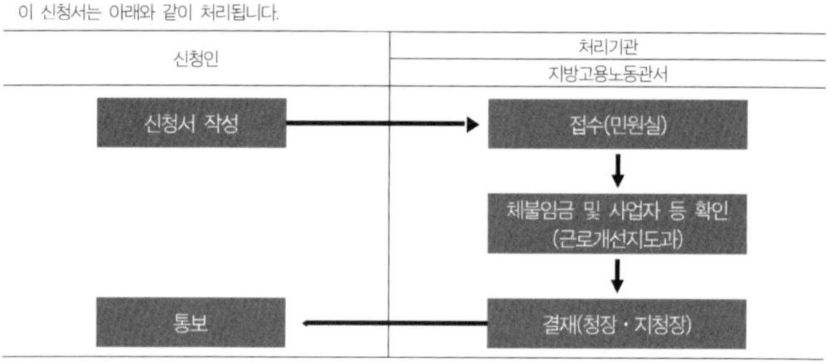

■ 근로감독관집무규정 서식 [별지 제28의2호]

진정(고소장) 취하서

1. 당사자 및 민원접수번호

○ 신고인(진정인, 고소인)

- 성명: (생년월일:)
- 주소: (☎)

○ 피진정인(피고소인)

- 성명: (☎)
- 사업체명:
- 소재지:

2. 취하사유 및 형사처벌에 관한 의사

○ 취하사유:

<체불금품 수령내역>

(단위: 원)

계	임금	퇴직급여	기타금품

※ 진정사건과 관련하여 체불금품을 수령한 경우에 위 내역을 작성

○ 형사처벌을 희망하는지 여부:

※ 임금체불사건에 있어 가해자의 처벌을 원하지 않는 사건(반의사불벌죄)에 대해서는 "처벌불원의사 표시에 따른 유의사항 고지사실 확인서"를 별지로 작성하여 제출

20 . . .

취하인 성명 (인)

○○지방고용노동청(지청)장 귀하

처벌을 원하지 않는다는 의사표시에 따른 유의사항 고지사실 확인

1. 귀하는 ○○지방고용노동청(지청)에 제기한 임금 등 체불 사건과 관련하여 체불사업주에 대한 처벌을 원하지 않는다는 의사를 표시하였습니다.
2. 체불사업주에 대한 처벌을 원하지 않는다는 귀하의 의사표시는 철회할 수 없습니다.
3. 귀하가 체불사업주에 대해 처벌을 원하지 않음으로써 같은 내용에 대해 다시 신고할 수 없습니다.

(문) 귀하는 위와 같은 내용에 대해 근로감독관으로부터 고지 받았나요?
(답) (자필 기재)

(문) 귀하는 체불사업주에 대한 처벌을 원하지 않는다는 의사를 철회할 생각이 있나요?
(답) (자필 기재)

(문) 귀하는 동일한 체불사건에 대해 다시 신고할 생각이 있나요?
(답) (자필 기재)

20 . . .

확인자: (인)

■ 청원법 시행규칙 [별지 제3호서식]

청 원 서

※ 색상이 어두운 칸은 신청인이 작성하지 않으며, [ ]에는 해당되는 곳에 √표시를 합니다.

접수번호	접수일	처리기간

청원인	성명(법인명 및 대표자 성명)		생년월일(여권번호·외국인등록번호·법인등록번호)
	주소(소재지) 또는 거소		
	전화번호	팩스번호	전자우편주소

청원기관	
청원사항	[ ] 피해의 구제 [ ] 공무원의 위법·부당한 행위에 대한 시정이나 징계의 요구 [ ] 법률·명령·조례·규칙 등의 제정·개정 또는 폐지 [ ] 공공의 제도 또는 시설의 운영 [ ] 그 밖에 청원기관의 권한에 속하는 사항
청원내용	※「청원법」 제11조제4항에 따라 청원인은 필요한 경우 참고자료를 첨부할 수 있습니다.
공개청원 여부	[ ] 공 개 청 원　　　　[ ] 비 공 개

위와 같이 청원합니다.

년　　월　　일

청원인　　　　(서명 또는 인)

(접수기관의 장) 귀하

청원서 접수증

청원서 접수번호	청원인 성명
청원서 접수기관	접수자 성명　　　(서명 또는 인)

귀하의 청원서는 위와 같이 접수되었습니다.

년　　월　　일

접수기관장 [직인]

유 의 사 항

1. 청원사항이 법률·명령·조례·규칙 등의 제정·개정 또는 폐지를 내용으로 하거나, 공공의 제도 또는 시설의 운영에 관한 사항일 경우에는「청원법」 제11조제2항에 따라 청원의 내용, 접수 및 처리 상황과 결과를 온라인청원시스템에 공개하도록 청원(공개청원)할 수 있습니다. 이 경우 '공개청원 여부'란에 공개청원으로 표시해 주시기 바랍니다.
2. 특별한 사유가 없으면 청원은 접수된 날부터 90일 이내(공개청원의 공개 여부 결정기간과 공개청원 시 국민의 의견을 듣는 기간은 제외)에 처리결과가 통지됩니다. 부득이한 경우 60일 이내의 범위에서 처리기간이 연장될 수 있으며, 해당 기간이 경과하도록 결과 통지가 없는 경우에는 「청원법」 제22조제1항에 따라 해당 청원기관에 이의신청을 할 수 있습니다.

제2판
노동청 노무사가 알려주는
근로기준법 실무 Q&A

초판발행 2024년 9월 25일
제2판발행 2025년 7월 25일

지은이 조학희
펴낸이 안종만·안상준

편 집 김선민
기획/마케팅 김민규
표지디자인 권아린
제 작 고철민·김원표

펴낸곳 (주) 박영사
서울특별시 금천구 가산디지털2로 53, 210호
(가산동, 한라시그마밸리)
등록 1959. 3. 11. 제300-1959-1호(倫)
전 화 02)733-6771
f a x 02)736-4818
e-mail pys@pybook.co.kr
homepage www.pybook.co.kr
ISBN 979-11-303-2473-9 93360

정 가 17,000원